América Latina
no século XXI
Latina
Em direção a uma nova matriz sociopolítica

América Latina
no século XXI
Em direção a uma nova matriz sociopolítica

Tradução
Ximena Simpson

FGV
EDITORA

ISBN — 978-85-225-0602-6

Originalmente publicado com o título *Latin America in the twenty-first century: toward a new sociopolitical matrix*, por North-South Center Press. University of Miami. Copyright © 2003 University of Miami. Usado com permissão.

Direitos desta edição reservados à

EDITORA FGV
Praia de Botafogo, 190 — 14º andar
22250-900 — Rio de Janeiro, RJ — Brasil
Tels.: 0800-21-7777 — 21-2559-5543
Fax: 21-2559-5532
e-mail: editora@fgv.br — pedidoseditora@fgv.br
web site: www.editora.fgv.br

Impresso no Brasil / *Printed in Brazil*

Todos os direitos reservados. A reprodução não autorizada desta publicação, no todo ou em parte, constitui violação do copyright (Lei nº 9.610/98).

Os conceitos emitidos neste livro são de inteira responsabilidade dos autores.

1ª edição — 2007

PREPARAÇÃO DE ORIGINAIS: Claudia Martinelli Gama

EDITORAÇÃO ELETRÔNICA: Victoria Rabelo

REVISÃO: Marco Antonio Corrêa e Mauro Pinto de Faria

CAPA: Inventum Design

Ficha catalográfica elaborada pela Biblioteca
Mario Henrique Simonsen/FGV

América Latina no século XXI: em direção a uma nova matriz sociopolítica / Manuel Antonio Garretón... [et al.]; tradução Ximena Simpson. — Rio de Janeiro : Editora FGV, 2007
156p.

Tradução de: Latin America in the twenty-first century: toward a new sociopolitical matrix.
Inclui bibliografia.

1. Globalização. 2. América Latina — Condições sociais. 3. América Latina — Política e governo. 4. América Latina — Condições econômicas. 5. América Latina — Política econômica. 6. América Latina — Política social. I. Garretón Merino, Manuel A. (Manuel Antonio). II. Fundação Getulio Vargas.

CDD — 301.098

Sumário

Agradecimentos	7
Introdução	9
1 Matriz sociopolítica	13
2 Características da matriz estatal-nacional-popular	21
Elementos básicos	21
Modelo de desenvolvimento	23
Regime político	31
Modelo sociocultural	33
3 O novo contexto mundial	37
Globalização	37
Economia global	38
Outras formas de globalização	49
Contexto internacional e papel das políticas estatais	53
Caminhos históricos da integração no sistema econômico e político mundial	59
4 Desafios políticos, sociais e culturais	67
Democratização política	69
Democratização social	81
Modelo de modernidade	85
5 Em direção a uma mudança de matriz	89
O modelo de desenvolvimento	90
O Estado e as instituições políticas	99
A dimensão sociocultural	118
6 Uma nova matriz sociopolítica?	125
Bibliografia	135
Os autores	153

Agradecimentos

Este livro surge a partir dos debates e reflexões suscitados pelos relevantes trabalhos apresentados no seminário *"Rethinking development theories in Latin America: democratic governance, processes of globalization and societal transformations"*, promovido pela University of North Carolina, Chapel Hill (UCN-Chapel Hill), em março de 1993.

A realização do seminário foi possível em virtude de bolsa concedida pelo Dante B. Fascell North-South Center da University of Miami, assim como do financiamento suplementar do College of Arts and Sciences e do Consortium in Latin American Studies da UCN-Chapel Hill, e da Duke University. A temática do debate foi retomada em discussões posteriores, organizadas pela Universidade de Salamanca, na Espanha, em junho de 1994, que foram financiadas pela Comisión Interministerial de Ciencia y Tecnologia (Cicyt) e coordenadas pela Asociación de Investigación y Especialización sobre Temas Iberoamericanos (Aieti).

Somos particularmente gratos a Manuel Alcántara, Guadalupe Ruiz-Gimenéz, Christian L. Freres e Raúl Morodó, por nos brindarem com variados e estimulantes espaços intelectuais, bem como pela generosa hospitalidade que tornou possível debater nossas idéias com colegas espanhóis. Posteriores discussões das versões dos trabalhos resultantes dos encontros tiveram lugar nos congressos da Latin American Studies Association durante os anos subseqüentes. As revisões finais – incluindo atualizações, quando necessárias – foram concluídas entre o outono de 2002 e o inverno de 2003.

Este livro é resultado de um empreendimento coletivo, mas cada autor contribuiu com seções e parágrafos ao longo do texto. Manuel Antonio Garretón redigiu a primeira versão em parte com base em alguns de seus trabalhos publicados em vários países, ao passo que Jonathan Hartlyn coordenou a revisão final do manuscrito. Esta versão em português é similar às edições em inglês e espanhol, com pequenas modificações.

Agradecemos a todos os autores que contribuíram com seus trabalhos no seminário de 1993, muitos dos quais vieram a público em edição especial da revista *Síntesis* (1994). Os autores dos artigos são, entre outros, Renato Boschi, Michael Coppedge, Alvaro Díaz, Carlos Filgueira, Evelyne Huber, Guillermo O'Donnell, Ricardo French-Davis, Roberto Bouzas, Blanca Torres e Alain Touraine. Apresentações e comentários igualmente relevantes foram feitos por Carol Wise e Julio Labastida. As idéias apresentadas nos capítulos deste livro proporcionaram um fundamental salto inicial na compreensão a respeito do que é um modelo apropriado para um melhor entendimento das transformações contemporâneas na região.

Nos vários estágios deste projeto, contamos com a excelente assistência na pesquisa de Eduardo Feldman, Mary Alice McCarty, Scott Graves e Merike Blofield.

Queremos agradecer, finalmente, a Ximena Simpson, pela tradução do livro original.

O nosso muito obrigado pelo apoio e tolerância das nossas esposas e companheiras pelo tempo não dedicado à família e amigos durante a realização deste projeto.

Introdução

Partindo de um velho modelo de política, os países latino-americanos estão se dirigindo, mesmo que de forma irregular, a novas formas, estruturas políticas e padrões de governança que se encontram intimamente ligados às transformações observadas em suas economias e sociedades. Nas páginas subseqüentes, apresentaremos e empregaremos a expressão "matriz sociopolítica" (MSP) para nos referir aos fatores específicos que caracterizam essa transformação. Por sua vez, concordamos com aqueles que defendem a necessidade de abandonar os grandes paradigmas e a aproximação de hipóteses intermediárias. É preciso deixar as teorias monocausais e unidirecionais para abraçar o estudo dos processos das inter-relações, e passar a compreender as mudanças não como uma forma de determinismo vital entre estruturas, mas como reciprocidades históricas causais entre a economia, a política, a sociedade e suas dimensões culturais. Assim, argumentamos que existe a necessidade de repensar as "teorias do desenvolvimento" no que diz respeito à região e à própria natureza do desenvolvimento latino-americano.

Se as generalizações sobre a América Latina sempre foram problemáticas, sua utilização hoje em dia é ainda mais complexa. É particularmente improdutivo categorizar determinados contextos (utilizando, em geral, certa tipologia) e depois tentar aplicar suas especificações a outros países. Não é mais possível, e, provavelmente, não mais será, definir uma única *problematique* para a América Latina, esta definida anteriormente em torno dos conceitos de "desenvolvimento", "revolução", "dependência", "modernização" e "democratização". Essa terminologia descreve um desafio central enfrentado pelos países da região, mas encobre a diversidade existente em cada nação, fazendo que o leitor se concentre não na especificidade de cada país, mas no desafio enfrentado propriamente dito. Ou seja, os países latino-americanos eram analisados com base no grau em que experimentaram, digamos assim, o desenvolvimento, revoluções ou democracias.

Atualmente, diversos processos relacionados ao desenvolvimento econômico, à democracia política e social e aos modelos culturais de modernidade estão surgindo simultaneamente e se encontram fundamentalmente inter-relacionados. Porém, sua interação não é nem causal nem estática.[1] Os analistas devem abandonar a idéia –

---

[1] Algumas das idéias aqui apresentadas estão desenvolvidas em Garretón (1995a, 1999, 2000, 2002b).

característica das análises sociais em décadas anteriores – de que as relações causais podem ser explicadas por um único paradigma. A inter-relação entre diversos processos é empírica e histórica e só pode ser explicada teoricamente se o determinismo abstrato e o reducionismo forem deixados de lado.

Quer dizer, cada um desses processos possui tanto uma dinâmica própria como atores específicos, o que leva a que sua interação e seus posteriores resultados não possam ser interpretados de forma definitiva, já que os resultados são dependentes dos atores e das forças envolvidas em uma determinada conjuntura.

Nosso argumento, de forma simplificada, é que a maioria dos países latino-americanos, a partir de 1930 até 1980, se aproximou do que chamamos "matriz estatal-nacional-popular". Certos aspectos geopolíticos e da economia internacional foram determinantes na emergência dessa matriz sociopolítica (MSP) e se fizeram presentes durante seus dias de glória. Entretanto, no começo da década de 1970, transformações externas e tensões internas levaram à gradual decomposição da matriz em questão, que depois, com tropeços e de forma assimétrica, veio a se recompor de forma parcial ou fragmentada.

No futuro, a existência de uma MSP em potencial depende da incorporação de estratégias de administração política, crescimento econômico, integração social e expressão cultural. Contudo, como será discutido posteriormente, apesar de essas estratégias ainda não estarem claramente delineadas, muitas delas começaram a emergir. Os vários processos, os quais diferem em sua estrutura e evolução em cada país, estão surgindo em uma conjuntura mundial inteiramente diferente daquela existente há meio século, quando a *problematique* histórica era definida em termos de "Ocidente desenvolvido" e "não Ocidente subdesenvolvido".

Assim, este livro está organizado da seguinte maneira: no capítulo 1, apresentamos o conceito de matriz sociopolítica e seus elementos básicos – Estado, sistema político de representação, a base socioeconômica dos atores políticos e as relações culturais, que são todos mediados pelo jogo político – e uma aproximação à análise de médio alcance. No capítulo 2, discutimos a matriz estatal-nacional-popular, previamente dominante na maioria dos países latino-americanos, e apontamos suas principais correntes teóricas, antecedentes e elementos básicos. O capítulo 3 apresenta os principais elementos do novo contexto mundial, particularmente relacionados à globalização e ao impacto de seus efeitos econômicos na região; finalizamos a análise com uma seção que examina os padrões passados das relações entre a região e a economia mundial. No capítulo 4, analisamos os mais relevantes desafios políticos, sociais e culturais enfrentados na América Latina, como conseqüência da interação entre os contextos internacional e nacional. Mais adiante, no capítulo 5, são analisadas as principais tendências do modelo de desenvolvimento emergente – associadas ao Estado, à política e às esferas socioculturais –, as quais chamam a atenção para a decomposição da matriz sociopolítica prévia e para o processo de construção de uma possível matriz nova.

Como o rumo dessa matriz ainda é uma interrogação, torna-se difícil distinguir se se trata de uma transição temporária ou de um processo de construção perdurável. No capítulo conclusivo, discutimos, então, os principais caminhos possíveis para a região, argumentando que, por um lado, o esforço para construir uma matriz estimulada pelo mercado fracassou e, por outro, é preciso considerar as dificuldades de atravessar a fragmentação da realidade atual em direção a uma nova matriz multicêntrica, o que seria mais favorável para o desenvolvimento humano na região.

1
Matriz sociopolítica

Nos últimos anos, estudiosos da América Latina têm buscado construir hipóteses de médio alcance e teorias sobre o desenvolvimento na região de forma que a literatura abarque os seguintes elementos: a construção de uma democracia política; integração social; inserção regional na economia mundial; modernização.[2] Esses processos básicos definem-se como as principais questões para a América Latina ou sua *problematique* na atualidade. Assim, o que esperamos oferecer nestas páginas é a estrutura e as ferramentas conceptuais necessárias para que seja possível avançar no tipo de argumentação proposta.

De acordo com o nosso ponto de vista, as teorias de médio alcance surgiram como reação à excessiva generalização teórica e aos paradigmas do desenvolvimento, os quais construíam sua argumentação utilizando conceitos dominantes, como modernização ou dependência. As principais linhas de análise das teorias de desenvolvimento orientavam-se primordialmente para a economia, ainda que seus defensores aceitassem a existência das dimensões social, política e cultural. Essas teorias mostraram-se não só insatisfatórias em relação à realidade que propunham descrever, como incapazes de elaborar uma base explicativa a respeito do rumo e dos processos existentes. Desse modo, pela ineficiência das antigas teorias e paradigmas, o neoliberalismo é classificado como alternativa contemporânea à teoria de desenvolvimento mundial e defendido com base em uma excessiva globalização, irresponsável generalização, estreita disciplina e reducionismo. A explicação neoliberal também sofre de determinismo econômico, o qual se justifica ao impor aos governos sua adesão à ideologia dos princípios da economia ortodoxa.

Por sua vez, as explicações correntes sobre as transformações políticas e socioeconômicas contemporâneas, baseadas na teoria da escolha racional *(rational choice)* e no neo-institucionalismo, mostram-se excessivamente míopes ao separar, em sua análise, a esfera política da realidade socioeconômica na qual está inserida. Apesar de existirem excelentes estudos de caso nessa área que promovem um avanço no conhecimento, suas explicações, em alguns casos, oferecem respostas incompletas e

---

[2] Exemplos valiosos podem ser encontrados em Collier e Collier (1991), Smith (1991, 1993), Smith, Acuña e Gamarra (1994a, 1994b), Agüero e Stark (1998), Oxhorn e Starr (1998), Reyna (1995) e Smith (1995). Um exemplo de uma análise global do que poderia ser um modelo político latino-americano se encontra em Touraine (1989).

insatisfatórias. Seu formalismo ou seu tipo de análise reducionista, somado à focalização parcial de seu objeto, tornam mais evidente a necessidade de levar em conta o papel crucial do contexto histórico e das diversas dinâmicas que interagem com outras esferas da vida social.[3]

Desse modo, situamos nosso trabalho na tradição das teorias de médio alcance, defendendo a necessidade de abandonar a sobredeterminação estrutural. Através do conceito de matriz sociopolítica (MSP), procuraremos oferecer as ferramentas necessárias para que a análise da autonomia e das interconexões entre a política, o Estado, as esferas culturais e socioeconômicas seja satisfatória, evitando o risco de cair em uma excessiva descontextualização. Focalizando nossa argumentação no conceito de *matriz sociopolítica*, acreditamos ser possível alcançar maior compreensão da gama de processos relacionados ao desenvolvimento, e não cair em uma leitura teológica.

O conceito de matriz sociopolítica é uma ferramenta que permite estudar as transformações sociais e políticas na América Latina de forma mais integrada. A MSP refere-se à relação entre o Estado, a estrutura de representação ou sistema partidário (combinação de demandas globais e envolvimento político dos atores) e a base socioeconômica dos atores sociais com suas relações e orientações culturais (incluindo a participação e diversidade da sociedade civil fora da estrutura formal do Estado), mediadas pelo regime político.

Apesar de esse conceito ser mais desenvolvido adiante, é pertinente aclarar neste momento o que entendemos por Estado e regime político. O Estado é uma gama de instituições públicas com funções coercitivas e integradoras e é também entendido como "agente de desenvolvimento", "cristalização da dominação" e uma "projeção simbólica da unidade". Nessa perspectiva, o Estado não é visto apenas como mero agente de dominação que precisa ser destruído, ou conquistado e controlado, e tampouco é entendido como um instrumento neutral, desmembrado da história do país e formado por instituições e organizações a serviço de uma elite tecnocrática. Por um lado, o Estado combina instituições concretas e simbólicas, instrumentos, atores e agentes relativamente autônomos. Por outro, dependendo de com qual esfera social interage, o Estado exerce funções coercitivas, reguladoras, redistributivas e integradoras. Isso significa que o Estado é, simultaneamente, um fator que unifica historicamente a sociedade e conforma uma nação, um instrumento com funções coercitivas, um conjunto de relações de dominação, um aparato organizacional e uma instituição pública encarregada dessas funções. Não obstante, o papel do Estado não pode ser reduzido a nenhuma dessas funções individualmente, apesar de

---

[3] Ver Huber e Dion (2002), Munck (2001) e Weyland (2002).

que, em determinados momentos históricos, ele possa identificar-se mais a uma ou umas funções do que às demais.

Nessa perspectiva, é importante diferenciar o termo "estaticidade" do termo "estatismo". Quando nos referimos ao primeiro, nos remetemos aos princípios e funções do Estado, como, por exemplo, a construção de consenso, da unidade nacional, acordos em questões fundamentais, integridade territorial da nação ou a Constituição. Esses aspectos se distinguem de "estatismo", termo que se refere a políticas governamentais específicas, como aquelas que estabelecem a intervenção do Estado na economia. Como veremos mais adiante, uma efetiva política de desenvolvimento requer tanto "estaticidade" como "estatismo"; contudo, em determinados períodos históricos, a importância de um poderá ser mais aparente do que a do outro.

Um "regime político" descreve padrões institucionais de governança, ou seja, como a sociedade se relaciona com o Estado (como cidadãos, clientes ou subordinados) e de que maneira as demandas e os conflitos sociais são processados. Nesse sentido, a democracia não é um tipo de sociedade, mas, de maneira estrita, um tipo de regime político, caracterizado por certos princípios éticos e mecanismos específicos, como seriam o sufrágio universal, as leis, os direitos humanos, a alternação de poder, o pluralismo ideológico e político e a desconcentração de poder. Assim, sendo a democracia um regime político, este pode evoluir de forma independente das outras esferas da MSP, mesmo que o regime esteja relacionado a elas.

A análise da MSP enfatiza as principais características inerentes à transformação social de uma perspectiva que presta especial atenção à constituição dos atores sociais e suas ações históricas. Explicando melhor, a sociedade não se define apenas pela sua economia, sua estrutura social, sua cultura ou sua política, mas por todas essas esferas em conjunto. O cruzamento dessas dimensões constitui-se no que chamamos a "matriz sociopolítica" da sociedade e seu objetivo é ser o nexo entre uma simples descrição e uma teoria abstrata dessas sociedades. Não é precisamente uma teoria na qual se pode deduzir uma hipótese específica ou regra geral a respeito das relações entre as esferas sociais. Já que diversas hipóteses podem ajudar a explicar a evolução e as características de determinada MSP, o que defendemos é que algumas dessas hipóteses se aplicam melhor do que outras a certos tipos de MSP.

A MSP é mais bem descrita como um instrumento heurístico, uma ferramenta que pode ser empregada analiticamente, com o propósito de ajudar a entender amplas tendências históricas na América Latina. Contudo, alguns podem argumentar que é mais apropriado falar em múltiplas matrizes competitivas, existentes no seio de cada sociedade tomada como unidade de análise, do que se basear em uma única matriz. Entretanto, a bem da simplificação, nos referiremos a uma matriz dominante (consolidada, embrionária ou "falida") que se aproxima mais a um tipo ideal que jamais existiu na vida real, do que a um conjunto empírico e específico de relações que se encaixam perfeitamente em todos os casos.

Faz-se pertinente enfatizar que o conceito de MSP parte da suposição de que as sociedades históricas denominam-se nações e estas operam como Estados. Ao mesmo tempo, a utilização do conceito leva em conta a possibilidade de que certas tendências atuais estejam redefinindo, de forma significativa, as noções de territorialidade e o sentimento de nacionalidade, o que, necessariamente, se reflete na soberania.

As MSPs, as quais emergem, se consolidam e, eventualmente, se decompõem, são analiticamente interessantes quando têm seu "tempo de vida" prolongado. O fato de existir preservação por um período relativamente longo indica que seus vários componentes se reforçam e se preservam mutuamente. Desde meados do século XIX, mais de um tipo de MSP pode ser identificado na maioria dos países latino-americanos, e vários de seus derivados ou subconjuntos podem ser identificados em nações menores ou menos autônomas. MSPs capazes de reproduzir-se durante várias gerações podem ser identificadas por possuírem determinados elementos que reforçam, de forma recíproca, as estratégias de crescimento econômico, integração social, representação política e expressão cultural. Assim, por um lado, a consolidação e a prolongação da experiência das MSPs dependem da existência de suficiente aspiração e interesse no alcance de uma relativa paz social em seu interior e, pelo menos, algum nível mínimo de autonomia externa. Desse modo, com base na descrição anterior, observa-se que a MSP que mais prevaleceu na região, até os dias de hoje e, em particular, nos países de maior território, foi a matriz estatal-nacional-popular.[4] Por outro lado, as MSPs em decomposição evidenciam-se pelo fato de mostrarem a "exaustão" de sua estratégia de crescimento, a "desarticulação" das identidades sociais, a "deslegitimação" dos mecanismos de representação e a "rejeição" aos *cânones* da expressão cultural.

Uma vez que as dinâmicas da interação entre os diversos componentes da MSP são entendidas como processos políticos, neste trabalho focalizaremos aqueles que

---

[4] Os autores Garretón e Cavarozzi desenvolveram o conceito de matriz sociopolítica. Garretón, a partir de uma perspectiva sociológica, empregou inicialmente a metáfora de uma "coluna vertebral" e adotou as expressões "matriz constituinte de atores social" e "matriz da constituição da sociedade" em 1984; a expressão "matriz sociopolítica" (entre outras), em 1987 e em 1991. Ver também Garretón e Espinosa (1992). Marcelo Cavarozzi, a partir de uma perspectiva da economia política, utilizou a expressão "matriz estadocêntrica" para descrever a relação predominante entre o Estado e a economia em um modelo de desenvolvimento "orientado para dentro". Ver Cavarozzi (1992). O conceito de matriz sociopolítica estatal-nacional-popular combina características da "matriz clássica" e da "matriz estadocêntrica". A matriz clássica aproxima-se da sociologia da ação e da ciência política, já a matriz estadocêntrica se relaciona com noções da economia política. A origem da expressão "nacional popular" pode ser atribuída a Germani (1978). Alain Touraine (1989) também emprega essa expressão.

se relacionam com períodos específicos de crise ou aprofundamento das contradições, principalmente no que se refere às mudanças de regime político, ao rompimento com práticas democráticas ou com processos de democratização política. Não obstante, as crises e mudanças de regime, nas duas últimas décadas, demonstraram uma intensa e profunda modificação nos tipos de sociedade, ou seja, em sua matriz sociopolítica. Um fato que sugere a profundidade das transformações ocorridas é a freqüência com que as democracias entraram em colapso, a severidade dos regimes autoritários e a resiliência encontrada nas transições democráticas, processos que ocorreram concomitantemente aos drásticos ajustes econômicos e a mudanças no modelo de desenvolvimento.

Nesse contexto, buscando entender a probabilidade existente para a preservação ou transformação de uma dada matriz sociopolítica, faz-se imprescindível analisar os elementos que se encontram fortemente conectados à rede de relações, digamos, por exemplo, a conexão entre o modelo de desenvolvimento e a nova conjuntura internacional, entre a base social e os movimentos sociais, a representação e a democratização social, ou, até mesmo, entre a dimensão cultural e as concepções relativas à modernidade.

O desenvolvimento não deve ser relacionado com um modo de produção específico, como o industrial, nem com um modelo de acumulação, como o capitalismo. Tampouco é parte integrante de algum tipo específico de instrumento, como poderiam ser o mercado e o Estado, ou de certa estratégia de crescimento ou de inserção internacional, como o sistema de economia aberta. Um modelo de desenvolvimento constitui-se de todos esses elementos, porém inseridos em determinado contexto histórico. Então, o que entendemos por modelo de desenvolvimento é o conjunto de percepções e práticas que permeiam o processo de crescimento econômico e de mudança social, responsável pela atribuição de funções ao Estado e aos agentes econômicos nacionais, e guiado por determinados padrões de comportamento em relação ao contexto internacional. Ao mesmo tempo, esse processo encontrará as ferramentas necessárias à sua evolução mediante o apoio popular, alcançado graças a sua capacidade normativa, afetiva ou ideológica de persuasão.

Para o propósito deste livro, diferenciamos também o modelo econômico do modelo de desenvolvimento. No que se refere à economia, o modelo caracteriza-se por uma análise mais restritiva, focalizada em um conjunto específico de relações entre fatores de produção (entre outros: capital, trabalho, recursos materiais e tecnologia), que culminam na definição de diferentes padrões de produtividade de bens e serviços, de emprego e de investimento. Esse modelo não leva em conta os demais elementos que consideramos partes integrantes do modelo de desenvolvimento, principalmente no que diz respeito às dimensões políticas e sociais.

O modelo de desenvolvimento, por sua vez, permeia não só o debate político, como também as políticas econômicas, as decisões do setor privado e as expectativas dos cidadãos. Nesse âmbito, atores políticos e econômicos competem pela definição do modelo, pois sua definição determinará quem irá controlar o processo decisório e a alocação de bens e serviços. Por isso, a estratégia de crescimento econômico adotada em determinado modelo de desenvolvimento terá de contar com o apoio dos atores envolvidos e alcançar suficiente legitimidade nos setores não direta ou imediatamente beneficiados. Assim, sua eficiência dependerá de sua capacidade de renovação e reprodução e está diretamente relacionada com a flexibilidade e com a adaptabilidade das estratégias de crescimento escolhidas.[5] Uma nova estratégia de crescimento pode significar a renovação do modelo de desenvolvimento ou, até mesmo, a sua substituição, em especial quando se observa uma severa estagnação econômica ou uma subutilização dos meios de produção, ou, até mesmo, quando a legitimidade do regime é fraca.

Nesses casos, faz-se necessária a emergência de um novo mecanismo que pressione os setores ineficientes – com a promessa da obtenção de benefícios extensivos – e que consiga o apoio dos grupos não comprometidos com o antigo modelo. Quando a estratégia se atrofia, ou não é mais capaz de gerar suficientes benefícios excedentes, ou quando estes se tornam inexpressivos para grupos-chave, o modelo de desenvolvimento entra em decadência, o que ocasiona conflitos sociais e políticos.

Em geral, a coalizão de apoio ao anterior modelo bem-sucedido de desenvolvimento se recusa a sacrificar-se, a curto prazo, para ajudar a assegurar a sobrevivência do modelo. Então, quanto mais próximos e unidos forem os membros da coalizão que sustenta o modelo, menores as chances de que seus elementos possam evoluir e adaptar-se a novos desafios econômicos e tecnológicos. O modelo se perpetuará dependendo das seguintes questões: a existência ou não de mecanismos, pertencentes a sua lógica intrínseca, que permitam sua autocorreção; e o grau de flexibilidade da sua coalizão no que concerne à inserção de novos grupos.

Outro aspecto relevante para maior compreensão da evolução de uma dada MSP e de suas possibilidades de mudança são os movimentos sociais. Estes se definem como tipos de ações coletivas, com relativa estabilidade no tempo e certo grau de organização, orientadas para a transformação ou conservação de determinadas esferas da vida social. De uma perspectiva, os movimentos sociais (em maior ou menor grau) são formas de ação coletiva que respondem à necessidade de solucionar tensões ou contradições específicas. De outra, o *Movimento Social* (MS, no singular e com as iniciais maiúsculas) é o portador de uma concepção da história e é a materia-

---

[5] Entendemos os ajustes estruturais como estratégias de desenvolvimento, e não um modelo de desenvolvimento.

lização de uma força de transformação social. Como esse tipo de movimento consiste na ação de atores concretos com objetivos específicos, é necessário especificá-los em todas as sociedades e em cada momento histórico. Os atores em questão caracterizam-se por manter interações problemáticas com outros movimentos sociais, porém, quando se tornam suficientemente persistentes em uma dada sociedade, agrupam-se em dois ou mais movimentos, originando um MS. O movimento feminista no Brasil na década de 1970, por exemplo, era um movimento social que fazia parte do movimento social pela democratização. Na análise dos processos políticos, é preciso distinguir os movimentos sociais, que são um tipo de ação coletiva, de outras formas importantes de ação social, estas relativas a mobilizações e demandas que visam a uma mudança de regime e surgem, não necessariamente, em todos os períodos históricos.

O conceito de modernidade é também outro elemento importante na análise das MSPs. Entendemos por modernidade a capacidade de uma sociedade em construir seu próprio destino (ou sua própria história), mediante sua subjetividade, sua memória e o uso da razão. De modo contrário, quando a história é considerada predeterminada pela tradição, pela natureza ou, inevitavelmente, imposta por outros, a sociedade é caracteristicamente pré-moderna. A modernidade é, então, a maneira pela qual os sujeitos se auto-afirmam, combinando dimensões racionais, instrumentais, de expressão e simbólicas. Ou seja, um grupo que acredita que seu sucesso depende dos deuses seria pré-moderno; já outro, que tenta desenhar seu próprio caminho, seria moderno. A identidade das pessoas ou dos grupos pode ser construída de forma intrínseca (moderna), ou pode ser definida por fatores externos (pré-moderna), ao mesmo tempo que todas são filtradas pela memória histórica.

Essa noção de modernidade é crucial para detectar novos tipos de ação sócio-histórica. Na ótica da antiga matriz estatal-nacional-popular, tanto a concepção ocidental de modernidade como a concepção de desenvolvimento enquanto estratégia – industrialização – eram dominantes. As identidades se baseavam nos conceitos de trabalho, produção, Estado e classe. Entretanto, observa-se atualmente que, nos países latino-americanos sob as novas MSPs, uma aparente característica é a variedade de noções de modernidade existentes, nenhuma das quais é dominante. Em sua maioria, as identidades são construídas com base em categorias que ainda não encontraram lugar próprio na MSP emergente, entre elas: gênero, etnia, regionalismo, linguagem, *advocacy*, atividade econômica, ou relacionadas a comportamentos anti-sociais ou rebeldes.

2
Características da matriz estatal-nacional-popular

Elementos básicos

A definição de um tipo ideal não é capaz de abarcar as particularidades de todos os casos; contudo, é capaz de descrever aspectos similares vivenciados, em maior ou menor grau, pela maioria dos países latino-americanos. Com o intuito de descrever a MSP estatal-nacional-popular, foram excluídos da análise os países que permaneceram sob o tipo de dominação oligárquica – em particular, aqueles com processos de modernização tardia, situados na América Central e no Caribe – e que só incorporaram traços da matriz estatal-nacional-popular quando esta deixava de ser um modelo relativamente estável.

A característica principal de qualquer matriz sociopolítica é a relativa interdependência de suas partes constitutivas – ou seja, o Estado, os partidos políticos e os diversos atores sociais –, retroalimentadas pela ideologia e pelas relações econômicas. Por sua vez, a distinção central da MSP estatal-nacional-popular em grande parte dos países da América Latina é a relativa fusão encontrada em vários de seus componentes. A fraca autonomia de seus elementos e a combinação de dois ou três de seus componentes levavam à supressão ou à sua imposição sobre os demais. A particular combinação entre dominação e subordinação dependeu de fatores históricos e diferenciou-se de país para país. Os principais elementos da MSP estatal-nacional-popular são apresentados no quadro 1.

Quadro 1
Matriz sociopolítica estatal-nacional-popular
(características predominantes de 1930 a 1980)

Característica	Descrição
Componentes: Estado, sistema político de representação, base socioeconômica dos atores sociais, relações culturais mediadas pelo regime político	Fusão relativa entre vários componentes, que ou suprimem os demais ou se impõem a eles, fraca autonomia, predominância do Estado e da política

continua

Característica	Descrição
Modelo de desenvolvimento	Industrialização nacional com progressiva motivação relativa ao futuro e forte intervenção do Estado
Economia internacional	Modelo de industrialização baseado na substituição das importações, contrário à tendência mundial dominante
Sociedade civil, atores/sujeitos	Atores orientados primordialmente para o trabalho, a produção, o Estado, a classe e a política
Ideologia, orientação cultural	Nacionalista, populista, modernizante, centralizada na política, mesclada.
Sistema político de representação	Combinado com outros componentes, um "Estado de compromisso" com regime político híbrido ou oscilando entre a democracia e o regime autoritário, fraca industrialização e atores políticos com alta capacidade de mobilização
Conceito de modernidade	Ocidental, modelo industrial, identidades relacionadas ao Estado nacional, classes sociais e políticas que aclamam "o povo", predominância de valores de classe média, ausência ou subordinação das identidades étnicas
Papel do Estado	Controle do território nacional, articulação do modelo de desenvolvimento nacional, extensa participação na administração econômica, alta tendência ao estatismo, principal referencial da ação coletiva
Vulnerabilidades/riscos	Déficits fiscais, déficit comercial, excessiva subordinação das forças produtivas à política, políticas públicas erráticas ou inconsistentes, dependência do capital externo e polarização ideológica

A MSP estatal-nacional-popular predominou dos anos 1930 até o começo da década de 1980. O caso mexicano revelou uma fusão entre o Estado e o Partido Revolucionário Institucional (PRI), que acabou por absorver a sociedade civil. Na situação argentina, os atores sociais projetaram-se diretamente no Estado mediante padrões de colonização segmentada, substituindo o sistema de representação por formas de *caudilhismo* (personalista, sem prestação de contas e com regras impostas por um homem só). Já no Brasil, com diferenças parciais, o Estado manteve-se, de certo modo, mais forte do que os atores sociais e as tradicionais formas de representação foram conservadas. Os casos uruguaio e chileno caracterizaram-se pelo fortalecimento dos partidos políticos e dos atores sociais que pressionavam o Estado institucionalmente em meio a uma fraca sociedade civil. De forma similar a esses dois países, a Colômbia apresentava partidos políticos fortes e seletos atores sociais, porém inseridos em contexto onde o Estado era fraco e os setores populares marginalizados, fato que a aproxima mais do limite do tipo ideal do que os outros países.

Na MSP estatal-nacional-popular, o Estado, como instituição e símbolo de unidade, possui papel central tanto nas funções de distribuição de recursos por meio de políticas sociais e redistributivas como na articulação de demandas sociais. Na maioria dos casos, a forma mais efetiva de ação coletiva tem lugar pela via política (mobilizações). A parte mais fraca da MSP é a ausência de relações fortemente estabelecidas entre seus vários elementos, quer dizer, sua parte mais fraca é seu regime político, mesmo que seja democrático ou autoritário. Outras características da MSP estatal-nacional-popular são o crescimento econômico direcionado ao interior, a modernização industrial, a autonomia nacional e a integração social da classe média e dos setores populares organizados.[6] A ação social encontra-se subordinada à política e se expressa no aprofundamento das mobilizações dos atores políticos, independentemente de seu grau de representação. A sociedade apóia a ação coletiva como meio de pressão por demandas sociais, desde que seja orientada e organizada politicamente.

Modelo de desenvolvimento

A estratégia econômica da MSP estatal-nacional-popular orientava-se para o interior e caracterizava-se pela substituição de importações e pelo significativo peso dado ao Estado. Essa posição defendia o crescimento econômico pela produção interna de produtos anteriormente importados, assumia uma distribuição mais eqüitativa da renda como resultante do crescimento econômico e era acompanhada por políticas sociais e culturais consistentes com o modelo econômico aplicado.

Nas últimas duas décadas do século XIX, numerosos países da região apresentaram rápida expansão econômica oriunda da exportação de *commodities*, facilitada

---

[6] Touraine (1989).

pela construção de ferrovias e de portos durante o período. Para pagar essa infraestrutura, os governos latino-americanos contraíram empréstimos no exterior, gerando dívidas que eram saldadas com os lucros recebidos das exportações. Durante a Primeira Guerra Mundial e os anos 1920, as exportações foram suficientes para estimular a economia local e para pagar os serviços da dívida. Os lucros originados na comercialização do café, do gado e de grãos permitiram a acumulação de reservas internas e a formação de capital local, que foi canalizado, em parte, para a nascente industrialização, dirigida, em geral, por imigrantes europeus.

Na realidade, o processo de industrialização na América Latina teve início no Brasil e na Argentina e foi anterior à deliberação de políticas de promoção industrial orientadas pelo Estado. Essa industrialização foi o resultado da extensão da produção de *commodities*, e seu desenvolvimento estava ligado à capacidade da economia para produzir valor agregado das mercadorias antes de serem exportadas. Até 1930, o motor das economias latino-americanas continuava sendo as exportações. As mais poderosas elites econômicas eram exportadoras de produtos agrícolas; os industriais, quando não eram também exportadores agrícolas individuais, eram produtores de segundo escalão.

O século XIX também evidenciou o consenso mundial a respeito dos valores da educação, que foi o *deus ex machina* na distribuição dos benefícios da riqueza nacional para todos os setores. Em uma expansão de inspiração progressista, as elites latino-americanas fundaram instituições científicas, associações profissionais e hospitais, considerados expressões de modernidade nacional e que estimularam desenvolvimentos similares na Europa.[7] Por sua vez, essas novas instituições contavam com o reconhecimento do Estado e com parcial financiamento público. Entretanto, o papel do Estado era limitado até mesmo na educação. A Igreja Católica, apesar da secularização e das pressões contra suas prerrogativas e sua riqueza, permaneceu como a principal instituição responsável pelos pobres.

No final do século XIX e começo do século XX, o desafio político concentrava-se na integração da classe média à política institucional; porém, mediante a estratégia de desenvolvimento utilizada, essa classe entrou na arena política competindo com a oligarquia tradicional por maior influência política. A classe trabalhadora era pequena e, na maioria dos países, ainda não constituía um fator significativo na política nacional, mesmo apresentando uma incipiente organização e tendo participado de intensas confrontações com donos de fábricas e minas, bem como com a polícia e o exército por reivindicações trabalhistas.

A Grande Depressão nos Estados Unidos e na Europa resultou na redução da demanda de mercadorias latino-americanas, na queda dos preços dos produtos agrí-

---

[7] Para exemplos do caso mexicano, ver Cleaves (1987).

colas e na crise nas balanças de pagamento. Em vários países, a debacle econômica levou à instabilidade política, o que culminou na substituição dos regimes civis por governos militares. Para enfrentar a crise gerada pela redução das exportações, os governos latino-americanos adotaram medidas direcionadas ao setor privado, que dificultavam a importação de bens e a saída de capital. Instituíram altos impostos alfandegários e de exportação, introduziram controles no câmbio e desvalorizaram suas moedas, fazendo que muitos países ficassem inadimplentes quanto a suas dívidas externas. A relação entre a América Latina e a economia internacional atrofiou-se em face do declínio do crédito e da detenção dos fluxos de capital. Muitos bens de consumo e industriais, antes importados, não eram mais encontrados. Criou-se uma demanda que foi satisfeita pelos novos industriais que tinham acesso ao capital de investimento necessário para produzir esses bens.

Essa tendência em direção à maior capacidade industrial surgiu como conseqüência das limitadas condições do mercado, do isolamento internacional e do oportunismo empresarial, não como resultado de uma estratégia nacional deliberada. A primeira fase da industrialização não contou com uma sistemática política estatal, nem com uma coalizão de forças sociais com missão definida, nem com ideologia legitimizadora. Em termos estritos, não era uma estratégia nacional de desenvolvimento, mas uma reação. Não obstante, durante os anos 1930, a coalizão de substituição de importações começou a tomar forma. Os governos brasileiro e mexicano incentivavam explicitamente os trabalhadores urbanos com retórica e política populistas, enquanto canalizavam seus esforços de organização em direção a sindicatos controlados pelo Estado. Os novos industriais buscavam empréstimos estatais para expandir seus empreendimentos e controlar as demandas trabalhistas. A intervenção estatal na economia foi se tornando cada vez mais sofisticada, incluindo organizações, como, no caso chileno, a Corporación de Fomento a la Producción (Corfo), fundada em 1939, e, no mexicano, a Institución Nacional Financiera (Nafinsa), as quais tinham como objetivo específico a promoção industrial e a estatização das empresas.

A Segunda Guerra Mundial deu novo impulso à industrialização latino-americana, e a demanda de produtos agrícolas e minerais produzidos na região intensificou-se. Por sua vez, decresceu a disponibilidade das importações de bens de capital da Europa e dos Estados Unidos, como conseqüência da mobilização econômica desses países nos esforços de guerra (nesse período, a Ásia ainda não tinha entrado no campo do comércio internacional). Mais uma vez, as economias latino-americanas geraram uma demanda de produtos industriais, a qual pôde ser satisfeita pelo crescente setor industrial, que enfrentava limitada competição no âmbito das importações. Os resultados foram impressionantes. Enquanto no Brasil, em 1939, por exemplo, o percentual do produto interno bruto (PIB) correspondente à industrialização era de 14,5%, em 1950 já alcançava os 21,2%.[8] A América Latina apresentava os primeiros países em processo de industrialização (PI), com o Brasil, a Argentina, o México e o Chile encabeçando a lista.

Essas transformações econômicas acarretaram mudanças na composição das classes nas sociedades latino-americanas. A elite industrial começou a se diferenciar da antiga oligarquia agrícola e a articular interesses claramente contrários aos dos exportadores agrícolas, como era, por exemplo, a proteção tarifária. As elites agrícolas começaram a perder parte de sua tradicional influência política, culminando – nos casos chileno, colombiano e peruano – com a implementação de reformas agrárias nas décadas de 1960 e 1970, as quais obtiveram resultados mistos. O capital nacional e as metrópoles regionais começaram a atrair um crescente número de imigrantes em busca de trabalho nas fábricas e no setor de serviços. Os camponeses se transformaram em operários e sua proximidade com os centros nacionais de poder fazia que estivessem receptivos ao recrutamento sindical e ao proselitismo partidário. A euforia democrática resultante do fim da Segunda Guerra Mundial concedeu graus consideráveis de liberdade à organização política e verificou-se a intensificação da participação eleitoral dos grupos populares (se não, sua autonomia). Em suma, fazia-se necessário levar em conta os industriais e os trabalhadores urbanos. A classe política precisava encontrar um modelo de desenvolvimento e de governo apropriado a essa nova correlação de forças.

Um acontecimento-chave foi a publicação, em 1949, do Manifesto de Raúl Prebisch, que apresentou uma justificação teórica para impulsionar a industrialização.[9] Prebisch argumentava que a América Latina sofria retração em suas exportações agrícolas, enquanto aumentavam suas importações industriais e que, além disso, a industrialização era mais efetiva na geração e absorção de tecnologia e no incremento da produtividade trabalhista. Nesse sentido, cabia à América Latina elaborar uma estratégia deliberada de industrialização que a aproximasse das nações mais ricas. O primeiro passo natural seria substituir a importação de produtos por sua fabricação pela indústria nacional. É claro que os argumentos de Prebisch eram mais complexos do que o exposto; ele também insistia que, para o modelo ser efetivo, era preciso alcançar paralelamente certas condições, como, por exemplo, a modernização agrícola. Contudo, a teoria de Prebisch emanava de sua posição na Comissão Econômica para América Latina das Nações Unidas (Cepal), fazendo que a industrialização por meio da substituição de importações (ISI) se transformasse na política econômi-

---

[8] Thorp (1992).

[9] Publicado em inglês (United Nations Economic Comission for Latin America, 1950). Para uma análise da influência de Prebisch, ver Hirschman (1971), Flores Díaz et al. (1981), Love (1994) e variados artigos da *Revista de la Cepal* (2001).

ca dominante na maioria dos países latino-americanos durante as duas décadas posteriores.

Uma conseqüência da ISI foi o incremento do papel do Estado na economia. A tradicional poupança interna escassa das sociedades latino-americanas e a tendência das elites econômicas em depositar suas economias no exterior significavam que o capital privado disponível para estimular a industrialização era reduzido. Os Estados da região preencheram esse vazio mediante a disponibilidade de crédito público aos industriais privados e a freqüente criação de empresas estatais. Pelo caminho da nacionalização, da expropriação ou de novos empreendimentos estatais, os Estados latino-americanos se apropriaram dos serviços públicos, de empresas de transportes, de petróleo e mineração, de bancos, de siderúrgicas e de variadas companhias manufatureiras. Outros investimentos – principalmente em bens de consumo e em automotores – surgiram de grandes firmas multinacionais, ansiosas por ingressar nesses mercados internos protegidos, nos quais estavam tradicionalmente impedidas de serem proprietárias de empresas-chave, como as petroleiras. O dinâmico crescimento do setor estatal era quase sempre vantajoso para as elites industriais locais por causa dos créditos oferecidos e pelos baixos custos cobrados pelos serviços públicos, como água e eletricidade. Dessa forma, as elites passaram a exercer influência no Estado pelo controle dos preços, assegurando assim maior margem de lucro.[10] Essa estratégia também beneficiou os trabalhadores urbanos das grandes indústrias, permitindo que eles alcançassem melhores salários e postos de liderança nos sindicatos dirigidos pelo Estado.

A estratégia de desenvolvimento se complementava com políticas similares em natureza, mas não em alcance, implementadas pelos Estados de bem-estar europeus. A expectativa era de que a industrialização traria acumulação de riqueza para a nação e que esta riqueza seria distribuída indiretamente para a população por meio de programas governamentais. A educação pública tornou-se universal. O sistema de saúde pública passou a promover serviços adequados para a classe média crescente e para os trabalhadores organizados nas principais indústrias. Apesar dos baixos salários, a distribuição de subsídios para produtos alimentícios de grande consumo os tornou mais acessíveis para extensos segmentos das classes populares, o que contribuiu para o processo de industrialização. Esses programas buscavam obter o apoio da população nas estratégias de industrialização, em geral mediante melhoria da qualidade de vida. Vários desses programas encontravam-se disponíveis a toda a população, inclusive para setores da classe média que tinham condições de pagar por serviços de saúde, educação e alimentação básica, sem a contribuição do Estado.

---

[10] Para maior compreensão das motivações políticas das empresas na MSP estatal-nacional-popular, ver Cleaves (1995).

Entretanto, o modelo de desenvolvimento não estava completo sem uma dimensão ideológica. Na América Latina do pós-guerra, o sentimento nacionalista encontrava-se presente nas mais variadas regiões, classes sociais e grupos culturais. Em cada país, o nacionalismo representava diferentes combinações culturais particulares, além de proteção dos interesses econômicos e de coesão de opiniões no que se refere à defesa do território nacional. Em nível subnacional, atividades coletivas se propagavam no trabalho e nos movimentos rurais e urbanos. Os líderes dos setores populares pregavam a substituição dos interesses individuais pelo bem coletivo. O nacionalismo e as orientações coletivistas faziam parte dos objetivos do Estado no processo de construção da nação, que visavam criar uma identidade comum entre a rapidamente crescente e diferenciada população, fortalecer a lealdade ao governo e assegurar a disciplina em face da autoridade estatal. O nacionalismo permeava o discurso político, o sistema educativo, a política externa e, até mesmo, as políticas de industrialização por meio da substituição de importações. A ISI e o nacionalismo do pós-guerra na América Latina se apoiavam mutuamente. Altos impostos alfandegários desencorajavam as importações e elevaram o prestígio dos produtos nacionais. As barreiras impostas aos investimentos estrangeiros estabeleciam fronteiras entre o nacional e o estrangeiro. As expropriações entusiasmavam a população com o poder da nação para fazer frente aos interesses estrangeiros. Cenas da fundição de metais, de usinas hidrelétricas e de aviões levantando vôo com o emblema nacional estimulavam o patriotismo e a crença de que o país se encontrava na mesma posição das nações mais avançadas industrialmente. Em parte, as elites industriais nacionais se tornavam nacionalistas porque esse sentimento reforçava os argumentos que favoreciam a proteção contra a competição estrangeira. O nacionalismo também contribuiu para disciplinar os trabalhadores, principalmente aqueles inspirados nas teorias marxista-leninistas, que denunciavam freqüentemente os Estados Unidos como o inimigo, em lugar de opor-se aos capitalistas nacionais.

No período entre 1950 e 1970, o elemento econômico da estratégia de desenvolvimento, em certo sentido, tomou diferentes rumos em cada um dos principais países da região. O México, por exemplo, enfatizou tarifas protecionistas para as indústrias de base; altos investimentos estatais na mineração, no petróleo, na agricultura e na energia; e severas políticas monetárias de controle da inflação. Subjacentes à estratégia implementada, encontravam-se o manejo do sistema eleitoral e a desconfiança norte-americana. Tal estratégia favorecia a classe política, os industriais e os grupos trabalhistas. O Brasil utilizou o modelo para alcançar um rápido crescimento, acentuando a obtenção de modesta capacidade industrial de exportação. O papel do Estado na economia era maior do que em qualquer outro lugar, em especial no que se refere ao crédito e aos subsídios, e o Exército fez parte da coalizão governamental por longo período. O rápido crescimento dissimulava – e o nacionalismo obscurecia – a desigual distribuição de benefícios gerada pelo modelo. O modelo chileno foi o mais estatizante entre os países da região, em que o setor público desempenhava um papel crucial no financiamento e na regulação, ao passo que era o investidor direto de muitas indústrias-chave. A Colômbia adotou uma versão menos radical da ISI, que se caracterizava por impostos, em média, mais baixos, maior tolerância em relação ao investimento externo, maiores restrições aos subsídios e aos créditos públicos e preferência por empreendimentos conjuntos, em lugar de manter as indústrias sob propriedade unicamente estatal.

O modelo de ISI apresentou numerosas tensões e limitações inerentes, cuja importância foi crescendo ao longo do tempo. Um de seus problemas consistia na falta de incentivos para criar e implementar novas tecnologias que promovessem maior eficiência. Embora os cientistas latino-americanos produzissem inovações tecnológicas, a falta de competitividade das empresas no mercado local levava à inexistência de imperativos comerciais que incentivassem sua utilização. Por sua vez, não existiam razões comerciais para que as economias promovessem uma legislação de proteção da propriedade intelectual, o que nunca ocorreu. O resultado foi que a maioria das inovações tecnológicas continuou a desenvolver-se no exterior e a ser importada pelos países da região – até mesmo as invenções latino-americanas foram patenteadas e comercializadas nos países industrializados. Outro problema foi a limitada mão-de-obra que podia ser empregada nas indústrias. Apesar de o crescimento do emprego e dos salários ter sido alto durante o início do processo de substituição de importações, a incapacidade da economia para incorporar maior sofisticação na produção, como a de bens industriais de capital, deteve o processo que estimulava a geração de empregos. O aumento do controle do Estado na economia levou à excessiva regulação, principalmente quando os decretos provocavam conseqüências não desejadas, que se buscava corrigir por outros decretos. As complexas e superpostas regulamentações de abrangência extensa terminaram por gerar problemas em sua aplicação. A fraude era relativamente simples e os burocratas de baixos escalões descobriram que podiam complementar seus salários mediante a aceitação de subornos pela não aplicação de certas normas.

Os preceitos do Estado de bem-estar do modelo aumentaram as responsabilidades das agências do Estado e do setor privado. Estimulados pelo idealismo, o Legislativo e os ministérios comprometeram o Estado a dar educação, cobertura de saúde e proteção trabalhista a amplos setores da população. Porém, a economia não conseguiu gerar suficiente excedente para financiar os investimentos necessários, bem como os programas sociais, além de satisfazer as demandas de consumo, em especial porque as elites prefeririam poupar e investir no exterior.

Os resultados das políticas sociais tiveram dois aspectos. Em primeiro lugar, um maior número de latino-americanos, principalmente aqueles de baixa renda, teve algum acesso à educação e à saúde e constatou-se melhoria nas estatísticas referentes à alfabetização, à mortalidade infantil e às expectativas de vida. Em segundo lugar, os grupos de renda mais alta buscaram melhor qualidade da educação e da saúde no setor privado e, em geral, no exterior, desinteressando-se pela educação e saúde públicas. Assim, procurando cumprir suas obrigações, os ministérios da saúde e da educação acabaram se tornando as unidades com menores recursos da burocracia estatal e seus trabalhadores, os de mais baixos salários. Os hospitais, escolas de segundo grau e universidades, que antes da Segunda Guerra Mundial eram o orgulho de várias nações da região, experimentaram dificuldades para administrar a crescente demanda e se deterioraram.[11] No que concerne à proteção trabalhista, o Estado reconheceu rapidamente que não poderia cobrir os seguros de desemprego e transferiu a responsabilidade ao setor privado. As leis tornaram dispendiosa e difícil a demissão de funcionários para as empresas, o que impedia que estas ajustassem o tamanho da mão-de-obra aos ciclos econômicos, às inovações tecnológicas e à competição, prejudicando a criação de empregos. A economia informal – ou seja, as pequenas empresas, que operavam à margem da regulação e dos impostos do Estado – tornou-se a principal fonte de emprego.

Há de se reconhecer que Prebisch advertiu sobre os defeitos do modelo de ISI. Entretanto, os atores-chave habituaram-se ao seu *modus operandi*, cujas características se concentravam nos altos preços relativos dos bens produzidos localmente, contínua dependência do capital externo e da exportação de *commodities* para financiar as importações. Os resultados econômicos observados no final da década de 1960 incluíam: inflação, considerável dívida externa, baixo investimento, desequilíbrios na balança de pagamentos, estagnação da produção alimentícia e crescente desemprego. Os recursos estatais destinados aos programas sociais escasseavam em base *per capita* e o governo perdia legitimidade mesmo perante os apelos de índole nacionalista.

Durante os anos 1970, abundaram manifestações na região que advertiam sobre a exaustão do modelo de ISI. Porém, a inércia e a falta de alternativas levaram à sua preservação, apesar de ter-se tornado obsoleto tanto do ponto de vista intelectual como de suas práticas. Em todos os países, aqueles grupos favorecidos pelas operações de um modelo defeituoso resistiram a mudanças. O México pôde adiar o reconhecimento da crise graças à descoberta de importantes reservas de petróleo, enquanto, no final da década de 1970 e começo dos anos 1980, os demais países recorreram a empréstimos externos como solução para o financiamento de seus déficits na balança de pagamentos. A crise da dívida de 1982 foi decisiva para o velho modelo: a América Latina não podia cumprir com as obrigações da dívida nem pedir mais empréstimos. O resultado foi a implementação de ajustes econômicos, políticos e sociais.

---

[11] Como exemplo, ver Rama (1980, 1984, 1987) e Lorey (1992).

Regime político

O regime político característico da MSP estatal-nacional-popular era aquele baseado no "Estado de compromisso" e representado por diversos tipos de populismo, que independiam do tipo de regime. Vários autores têm utilizado essa definição para remeter a situações em que, mais do que a hegemonia de determinado setor social existente no interior do Estado – como no caso dos regimes oligárquicos –, existiam coalizões instáveis entre vários setores. Os grupos que mantinham acesso assimétrico ao Estado eram as diversas facções da burguesia, da classe média e os trabalhadores industriais.[12] Desse modo, as instituições e práticas democráticas adquiriam diferentes significados de acordo com as constelações políticas do momento.[13]

Nos primeiros países industrializados da América Latina – México, Brasil, Chile e Argentina –, as práticas e as estruturas democráticas encontravam-se em permanente tensão com práticas autoritárias e semi-autoritárias. Assim, a fórmula política resultante foi uma mistura entre democracia e autoritarismo, ao redor da qual emergiu, de forma irregular, quase sempre implícita e, às vezes, sob tensões, uma coalizão informal de sustentação representada pelos mais significativos atores sociais e políticos.

A democracia política durante essa matriz histórica adquiriu conotações diferentes em relação àquelas dos primeiros e paradigmáticos países em democratização. A dinâmica política latino-americana diferenciou-se daquela seguida pelos países capitalistas da Europa ocidental e da América do Norte durante seus processos de industrialização. A democratização européia surgiu no final de longo e gradual processo de evolução, mediante o qual muitas das instituições políticas provenientes do período anterior foram preservadas pela aristocracia.

Por sua vez, na maioria dos casos, o declínio dos regimes oligárquicos latino-americanos no final do século XIX e começo do século XX foi mais rápido e constituiu-se, na prática, em verdadeiros colapsos. O acelerado ritmo das mudanças não só dominou o experimento oligárquico de democracia restrita, como destruiu sua crença nos princípios liberais caracterizados pelo gradualismo, o sistema de *checks and balances* e sua preocupação em relação à limitação do poder do Estado. Entretanto, a perda de *status* político da oligarquia não eliminou suas suspeitas no tocante à democracia. Tanto a democracia em si como os movimentos pró-democráticos eram vistos pelos oligarcas como ações com conteúdos subversivos e eles argumentavam que a democratização tinha potencial revolucionário para transformar a sociedade.

---

[12] Ver Graciarena (1967), Weffort e Quijano (1976), Cardoso e Falleto (1979), Moulián (1984), Touraine (1987), Garretón (1988) e Cammack (1994).

[13] Sobre essa temática, uma análise acerca da exclusão democrática nos governos militares e civis pode ser encontrada em Cavarozzi (1986).

No decorrer do período oligárquico, alguns desses países mantiveram relativa lealdade aos preceitos constitucionais e à subordinação do Exército ao poder civil, em parte pelo envolvimento deste no estabelecimento ou defesa da fronteira nacional. Contudo, a partir dos anos 1920, a ordem política existente começou a romper-se. Teve início um período de forte instabilidade, no qual foram substituídas as constituições liberais do século XIX, enquanto as intervenções militares na política fizeram-se mais freqüentes, em geral provenientes dos estratos mais baixos de comando. Em algumas nações, os princípios liberais foram mantidos por princípios outros, que não se identificavam com aqueles da era oligárquica. No Uruguai, nas primeiras décadas do século XX, estabeleceu-se uma razoavelmente estável democracia política. No México, após tumultuosas duas décadas do governo de Porfírio Díaz, instaurou-se uma ordem não-democrática, mas que ainda mantinha um espaço para a participação social e que conduzia o país em direção a uma sociedade mais pluralista.

À medida que a industrialização, a urbanização e a incorporação de amplos setores da população intensificavam-se, também aumentava a centralização do Estado e da política na sociedade, mediante organizações formais e mecanismos informais de controle sobre uma emergente sociedade civil. Os Estados promoveram a industrialização e empregaram uma variedade de ferramentas políticas para criar economias latino-americanas autárquicas, o que também se tornou o mecanismo principal pelo qual os diferentes atores sociais transformaram suas identidades e negociaram, implícita ou explicitamente, seus respectivos interesses e valores. No Chile, no Uruguai e no México, o sistema partidário (multipartidário, bipartidário ou unipartidário) desempenhou papel fundamental na articulação dos interesses entre o Estado e os setores sociais.[14]

A temática democrática era notoriamente sentida tanto nos processos de modernização social como no aumento da centralização do Estado. De 1870 até 1970, a modernização foi percebida como amplamente progressiva. A opinião dominante era a de que os vários atores sociais – em primeiro lugar, as classes médias; em segundo, os mineiros e trabalhadores; e, finalmente, os trabalhadores rurais e os setores urbanos de baixa renda – estavam sendo incorporados, ou seriam incorporados, aos benefícios materiais e simbólicos da modernização.

A presença e a evocação da democracia significavam que esta se havia tornado uma opção permanente para a região, mesmo que não levasse à consolidação de uma ordem política democrática.[15] Na era oligárquica, as promessas constitucionais

---

[14] Estudos de cada caso podem ser encontrados em Cleaves (1974).

[15] O conceito de "opção permanente" foi retirado do trabalho de Valenzuela e Hartlyn (1994).

formais de igualdade política e do império da lei eram uma característica das histórias das diferentes nações, enquanto estas se integravam ao "mundo civilizado". Entretanto, a exclusão, a fraude eleitoral e a arbitrariedade do Estado foram igualmente importantes, senão necessárias, no processo de integração nacional e de expansão econômica, que ocorria simultaneamente.

Durante o período da MSP estatal-nacional-popular, as restrições em relação ao sufrágio foram gradualmente eliminadas e a participação popular se expandiu por intermédio dos partidos políticos, dos sindicatos, da mesma forma que nas ruas, fazendo que as diferenças sociais entre as classes altas, médias e baixas diminuíssem. Não obstante, com exceção do Uruguai e do Chile (e Costa Rica, apesar de ter seguido uma trajetória histórica diferente de alguma forma), a democracia política não se consolidou plenamente. Muitos dos atores centrais viam a democracia em termos puramente instrumentais, em lugar de comprometer-se com ela como um objetivo normativo ou um método útil de governo.

A legitimidade do Estado no decorrer desse período permaneceu frágil, em grande parte como conseqüência de sua capacidade de distribuir prêmios e benefícios. O resultado foi que nem as imposições autoritárias vindas de cima nem a canalização do conflito por meio das instituições representativas tornaram-se mecanismos estáveis, efetivos e com ampla aceitação pelos atores sociais fundamentais. Na realidade, tanto os atores individuais como os coletivos tenderam a favorecer os processos decisórios estatais discricionários, e não os institucionais. Esse padrão dominante de politização estatista levou à erosão da força das instituições representativas, até mesmo no caso em que foram alcançados regimes politicamente democráticos, em maior ou menor grau, em vários países da região.[16]

Modelo sociocultural

A MSP estatal-nacional-popular estava ligada, por um lado, a amplo referencial cultural centrado na noção de um projeto nacional popular e em uma visão de mudança global radical, que dava conotações revolucionárias à ação política. Por outro lado, esse projeto e essa visão estavam associados a um tipo de ação social que poderia ser caracterizada como um movimento social central. Esse movimento social nacional popular definiu um conflito central e estava orientado para uma mudança social global. Os movimentos sociais históricos individuais, apesar de suas características particulares, faziam parte desse amplo MS e, então, eram simultaneamente modernizantes, desenvolvimentistas, nacionalistas e orientados para uma

---

[16] A respeito do termo "politização estatista", ver Cavarozzi (1994).

transformação sistêmica, enquanto se referiam ao "povo" como o único sujeito histórico válido.

O emblemático movimento social da MSP estatal-nacional-popular foi, a princípio, o movimento dos trabalhadores, relativo mais a sua importância simbólica do que a seu poder estrutural. Dessa forma, essa liderança foi desafiada em várias ocasiões por causa do compromisso que os trabalhadores urbanos alcançavam, por vezes, com o Estado ou com empregadores, o que levava a questionar suas credenciais revolucionárias. Outros movimentos centrados nos trabalhadores urbanos, estudantes, grupos religiosos ou partidos políticos radicais (principalmente nos anos 1960 e, com freqüência, sob a forma de guerrilha) pretenderam, algumas vezes, assumir a liderança do movimento social central.

As características principais desse MS, composto por diferentes atores e por movimentos concretos, em sua maioria de origem urbana, eram de dois tipos. O primeiro, com algumas variações, dependendo do país, tinha importante peso simbólico e pregava a transformação social global e a atenção a demandas particulares e concretas. No segundo, sua característica se baseava na confiança no Estado como o interlocutor capaz de satisfazer essas demandas e como o espaço que precisava ser conquistado, de modo a poder levar a cabo essas transformações fundamentais. A fraqueza estrutural das classes sociais para constituir a base dos movimentos sociais foi mitigada pela sua habilidade para atrair apoio através de mobilizações políticas e ideológicas, que visavam ser amplamente integradoras e revolucionárias. Nessa matriz sociopolítica, o populismo era a forma favorita de ação política e coletiva, o que não significava que não houvesse outras modalidades de ação mais radicais, classistas, ideológicas ou, até mesmo, corporativistas.

Ao mesmo tempo que esses tipos de politização e estatismo foram ocorrendo em contexto de modernização marcado pela crescente industrialização, urbanização e imigração social, as orientações culturais da classe média permaneceram dominantes. A classe média constituía a principal base de apoio do modelo desenvolvimentista e a maior beneficiária deste. A modernização se fundamentava basicamente nas premissas racionalistas, na industrialização e na ênfase nos valores da educação, em especial no que se refere à educação pública como instrumento de mobilidade social.

A cultura refletia ou reforçava a organização social, política e econômica dominante, sem adquirir autonomia e sem se distanciar da esfera da atividade humana. O Estado desenvolvimentista promovia políticas culturais democratizadoras, em sua dimensão social, e educativas, em seu conteúdo.[17] Assim, o Estado buscava proporcionar à população de massa, principalmente aos setores urbanos e ao "povo", um

---

[17] Ver Alvarez, Dagnino e Escobar (1998).

tipo de cultura da classe média que, antes, era patrimônio das elites. Esse modelo cultural era promovido, em particular, através de seu aparelho educativo e de seus esforços de generalização e difusão. A partir dos anos 1970, a dimensão cultural latino-americana se tornou mais ideológica, incorporando mais aspectos populares baseados, por exemplo, no folclore urbano e no artesanato popular. Por sua vez, as universidades, além do cumprimento de seu papel na educação ou no desenvolvimento científico-tecnológico, também se foram transformando, cada vez mais, em arenas de participação popular e de mobilização política e social. O marxismo, sobretudo a partir de sua perspectiva e estrutura leninista, se tornou a ideologia dominante entre os intelectuais progressistas e militantes políticos.

Nesse contexto, as dimensões culturais da MSP dominante não alcançaram autonomia própria nem dinamismo nem densidade. Como exceções à regra estavam as sociedades que experimentaram agitações revolucionárias, como foi o caso do Chile em 1970, ou aquelas com longa tradição na defesa de sua cultura, como no México, ou, em alguns casos, de manutenção da religiosidade popular. Em geral, a preocupação com as relações de gênero, etnias, a identidade regional ou as demandas individuais ligadas à maior secularização e modernização não produziram associações autônomas de atores sociais. Ao contrário, estavam subordinadas às dimensões sociopolíticas ou econômicas da matriz prevalecente.

3
O novo contexto mundial

Globalização

É freqüente a afirmação de que o principal fenômeno do atual período é a globalização, entendida em suas dimensões econômica, política e cultural, e os efeitos sociais que dela emergem.[18] O fenômeno não é simplesmente a interdependência entre as nações ou a multiplicidade de contatos entre elas; ao contrário, a globalização se refere à constituição de um espaço social global unificado, com relações assimétricas entre seus componentes. A globalização não significa necessariamente a homogeneização de culturas ou a desaparição de padrões de dominação e exclusão, mas se refere à sua redefinição. E tampouco é a globalização auto-regulada.

Se a globalização significa a criação de um mercado global, de um sistema de produção integrado globalmente e de uma esfera financeira ainda mais unificada, a globalização política não implica um governo mundial. Mesmo que os blocos geopolíticos dominantes tenham desaparecido, as nações-Estado estão ainda muito vivas. A globalização no âmbito cultural se refere à conversão de um espaço territorial em um espaço de comunicação. Globalmente, estamos partindo de um mundo geopolítico e evoluindo para outro, que é também geopolítico, contudo, cada vez mais geocultural. O mundo que se dividia geopoliticamente, quase de forma exclusiva, no que se refere ao controle militar sobre o espaço territorial, se transformou em um mundo que também define o espaço e o poder em termos de comunicação, e não somente em termos de território. Os modelos de apropriação do espaço da comunicação são modelos de criatividade, inovação, conhecimento e subjetividade. Aqueles que propõem modelos de modernidade capazes de combinar simultaneamente a racionalidade científica e tecnológica, a subjetividade, a afetividade e a memória histórica irão complementar o contexto cultural do século XXI. As sociedades que não conseguirem combinar esses elementos serão modelos geoculturais menos atrativos.

A América Latina ficou marcada pela sua dupla inserção nos mundos geopolítico e geoeconômico. O eixo Leste-Oeste era político e ideológico, enquanto o eixo Norte-

---

[18] Sobre a globalização como fenômeno sociopolítico, cultural e econômico, ver Featherstone (1996), Waters (1995), Appadurai (1996), Hirst (1996), Pattnayak (1996), Sassem (1996), Spybey (1996), Roberts (1995), Eade (1997), Hardt e Negri (2000), Stark (1998), Chonchol (2000), Olea e Flores (1999) e Stiglizt (2002).

Sul era econômico. Com a desaparição da disputa pela hegemonia mundial entre os blocos capitalista e comunista, as demandas de igualdade e liberdade nos países em desenvolvimento perderam seu referencial ideológico. Ao mesmo tempo, a redefinição do espaço econômico mundial forçou a revisão do modelo de desenvolvimento adotado no século XX, baseado em um Estado mobilizante e intervencionista, abrindo caminho ao mercado transnacional como eixo principal. Essa conjuntura resultou na desarticulação das tradicionais relações entre o Estado e a sociedade e transformou as bases estruturais e as formas de representação que foram responsáveis pela emergência da ação social.

O atual fenômeno da globalização, caracterizado por uma aparente homogeneidade capitalista – inclusive no antigo bloco oriental –, pôs em evidência a nova natureza do conflito social, a predominância da ideologia e das políticas neoliberais e a exclusão em massa de vastos setores mundiais. As formas clássicas de luta do período anterior, caracterizadas pela confrontação entre trabalhador urbano ou trabalhador rural e proprietário, ou pelo conflito entre cidadão e Estado, se misturaram com explosões emergentes de identidades e interesses particulares, assim como de desafios às normas associadas à sociedade industrial. Dessa forma, rompeu-se a lógica que unia a estratégia singular de modernização – pela via da industrialização – com a definição única de modernidade – sociedade industrial –, fazendo que surgissem e se legitimassem modelos alternativos de modernidade.

Economia global

O que diferencia o novo contexto da economia internacional é que estamos nos referindo a uma era de "economia global" ou de "capitalismo global". Assim, a partir dessa perspectiva em particular, a globalização econômica torna-se qualitativamente diferente daquela relacionada à internacionalização, apesar de ambos os processos continuarem a coexistir. Enquanto a "internacionalização" se refere simplesmente à expansão geopolítica das atividades econômicas entre as fronteiras nacionais, a "globalização" se caracteriza por processo muito mais complexo, que implica uma crescente integração funcional daquelas atividades internacionalmente dispersas.[19]

Os autores têm identificado pelo menos seis características da economia global: crescente competição global e emergência de novos centros de produção (por exemplo, os países recentemente industrializados – PRI); proliferação, expansão e reestruturação das corporações transnacionais (CTs); crescente avanço do espaço tecnoló-

---

[19] Ver Gereffi e Hempel (1996). Para aprofundar algumas das idéias aqui expostas, ver Gereffi (1995).

gico, em particular no que se refere às novas tecnologias de transporte e comunicação; sistema financeiro global; contexto político internacional, incluindo a hegemonia dos Estados Unidos, as políticas econômicas de nação-Estado, as formas supranacionais de integração econômica regional, como no caso da União Européia (UE), do Acordo de Livre-Comércio da América do Norte (Nafta) e do Mercado Comum do Sul (Mercosul); e crescentes desigualdades mundiais, tanto entre as regiões como dentro dos países.[20] As primeiras três características são muito evidentes, se observadas as mudanças do sistema manufatureiro mundial.

Sistema de produção global

A industrialização contemporânea está definida por um sistema integrado de comércio e de produção globais, que apresenta deslocamentos dinâmicos na localização geográfica dos processos, cada vez mais fragmentados, de fabricação. Os deslocamentos, que em geral não levam em conta as fronteiras nacionais, provocam complexas conseqüências regionais. A abertura do comércio internacional encorajou a especialização das nações em diversas áreas de produção e, até mesmo, nos diferentes estágios de produção de uma indústria específica. Esse processo, alimentado pelo rápido desenvolvimento de novos produtos e novas tecnologias a partir da Segunda Guerra Mundial, levou ao surgimento de um "sistema global de produção", no qual a capacidade de produção se encontra dispersa em um número sem precedentes de países industrializados e em industrialização.[21] O que é novo no sistema global atual de produção não é a dispersão das atividades econômicas através das fronteiras nacionais *per se*, mas o fato de a produção e o comércio internacional estarem organizados globalmente por um núcleo de corporações que representam tanto o capital industrial como o comercial.

Três correntes específicas da economia internacional ajudam a ilustrar a natureza do atual sistema internacional de produção. São elas: a ampliação de uma industrialização diversificada em amplos setores do Terceiro Mundo; o deslocamento em direção a estratégias de desenvolvimento orientadas para a exportação nos países periféricos, com ênfase nas exportações de produtos manufaturados; e altos níveis de especialização na produção nos setores de exportação da maioria dos países do Terceiro Mundo, paralelos a uma contínua inovação industrial promovida pelos exportadores dos países recentemente industrializados (PRI).

O capital industrial e comercial tem incentivado a globalização, estabelecendo dois tipos diferentes de redes econômicas internacionais, que poderiam ser identifi-

---

[20] Dicken (1992).
[21] Ver Harris (1987).

cadas como cadeias de bens de consumo "estimuladas pelo produtor" ou "estimuladas pelo comprador".²² As cadeias de bens de consumo "estimuladas pelo produtor" se referem às indústrias em que as CTs ou outras grandes corporações industriais integradas detêm o papel central no controle do sistema de produção, incluindo as conexões anteriores e posteriores. Essa é uma característica típica das indústrias intensivas de capital e tecnologia, como as automotoras, as de computação, as de aviação e as de maquinaria pesada. O que distingue os sistemas "estimulados pelo produtor" é o controle exercido pela administração central das CTs.

As cadeias de bens de consumo "estimuladas pelo comprador" se caracterizam por serem as industriais, onde os varejistas, *designers* e empresas comerciais desempenham o papel central na implementação de redes descentralizadas de produção em diversos países exportadores, localizados, em geral, no Terceiro Mundo. Esse padrão de industrialização impulsionado pelo mercado se tornou característico das indústrias de mão-de-obra intensiva nos setores de bens de consumo, como as de vestuário, calçados, brinquedos, eletrodomésticos e eletrônicos. Em geral, a produção é administrada por redes fechadas de contratadores do Terceiro Mundo que vendem bens acabados a compradores estrangeiros. Contudo, são as grandes empresas de *design* ou varejistas que encomendam esses bens – como Wal-Mart, J. C. Penney, Nike ou Reebok – e que fornecem as especificações para a sua realização. Assim, essas empresas, apesar de desenharem seus produtos e de se responsabilizarem pelo seu marketing, não participam de sua produção.

O lucro é maior nos segmentos relativamente mais concentrados das cadeias globais de bens de consumo (*commodities*), caracterizados pelas altas barreiras impostas à entrada de novas empresas. Por isso, as cadeias de bens de consumo "estimuladas pelo produtor" tendem a ser administradas por empresas industriais no lugar da produção, enquanto os varejistas e comerciantes das grandes marcas, no caso das indústrias estimuladas pelo comprador, exercem o controle principal no marketing e na venda a varejo do processo final da cadeia.

Não obstante esses processos de mudança terem incorporado a maioria das nações ao sistema global de produção, seus papéis e recursos são bastante diferentes. Cada país do Terceiro Mundo se caracteriza por uma divisão interna de trabalho, que abarca países em diversos níveis de relativo desenvolvimento e aplica padrões particulares de cooperação e competição, como meio para aproveitar, ao máximo, as potencialidades da região. Depois de 1930, a América Latina investiu na industrialização, mas evitou comprometer-se com o mercado internacional; sua taxa de cresci-

---

²² A noção de cadeias globais de bens de consumo (*commodities*) se concentra no contexto local da produção global e demonstra como a globalização, na realidade, reforça os processos de localização na economia mundial. Ver Gereffi e Korzeniewicz (1994) e Gereffi (2001).

mento foi muito mais lenta e, em alguns anos, negativa. O fato de ter permanecido o modelo de industrialização baseado na substituição de importações na América Latina está associado à presença das cadeias de bens de consumo "estimuladas pelo produtor". As CTs – que se concentraram inicialmente nos recursos petroleiros, minerais e agrícolas do continente – foram se deslocando gradualmente para o estabelecimento de indústrias manufatureiras mais avançadas. Nas décadas seguintes à Segunda Guerra Mundial, podiam ser encontradas, na região, fábricas ligadas ao processo de ISI nos setores automotores, de maquinaria, de petroquímicos e farmacêuticos, nas quais a produção se destinava basicamente ao mercado interno.

Entretanto, no começo dos anos 1970, buscando neutralizar o crescente custo das importações acarretado pela intensificação da ISI, começou-se a prestar mais atenção às exportações de manufaturas. Como, na prática, as cadeias de bens de consumo estimuladas pelo comprador inexistiam na América Latina – pois as corporações transnacionais (CTs) situadas na região focalizavam seus interesses no mercado interno –, os mais avançados países da Ásia, recentemente industrializados (PRI), buscaram agressivamente, depois de 1970, um lugar no sistema global de produção. Nesse sentido, canalizaram forte capital para a indústria, enfatizaram a exportação em nichos particulares do mercado e penetraram nos mercados internacionais, primeiramente pelas cadeias de produção estimuladas pelo comprador. Assim, esses países conseguiram uma significativa fatia dos mercados norte-americano e europeu, onde depositaram, com altos lucros, exportações de bens de consumo entregues pelas cadeias estimuladas pelo comprador.[23]

Ao mesmo tempo, a industrialização deixou de ser o elemento necessariamente definidor do desenvolvimento nacional. Industrialização e desenvolvimento não seriam mais sinônimos e o crescimento industrial pôde apresentar conseqüências econômicas e sociais completamente diferentes, como é evidente quando se compara a Ásia oriental e a América Latina. Por sua vez, embora a industrialização se tornasse a condição necessária para alcançar prestígio no sistema mundial, ela não seria mais suficiente como única condição. A continuidade nos processos de inovação na maioria dos países em desenvolvimento tendeu a fazer que esse prestígio fosse mais difícil de ser alcançado e dependesse de uma gama de atividades econômicas que requeriam trabalhadores especializados, maiores salários e maiores níveis de valor agregado. Por "valor agregado", entendemos uma gama de atividades econômicas que requerem trabalhadores especializados, maiores salários e a implementação de uma tecnologia mais complexa, que aumente o valor agregado dos componentes e dos materiais originais pela via do processo de produção.

---

[23] Ver Gereffi e Wyman (1990) e Gereffi (2003).

A disparidade existente entre os países desenvolvidos e os países em desenvolvimento no que se refere à industrialização tem diminuído desde os anos 1950 e pode ser observada claramente nos países do Sudeste asiático e da América Latina. Em conseqüência, a indústria superou a agricultura como fonte de crescimento econômico em todas as regiões do Terceiro Mundo. Em todos os países em desenvolvimento, a percentagem da indústria no produto interno bruto (PIB) tem crescido nas últimas décadas, mesmo que tenha demonstrado pequena retração nos anos 1990. O peso da agricultura no PIB tem diminuído, apesar de essas mudanças terem se mostrado mais modestas na América Latina do que em outros países, em parte por causa do relativamente alto grau de desenvolvimento das manufaturas na metade dos anos 1960 e em época anterior ao de outras regiões. Em 1990, o valor agregado da indústria na América Latina equivalia a 36% do PIB e decaiu para menos de 30%, em 1999; na Ásia oriental e no Pacífico era de 40%, em 1990, e subiu para 45%, em 1999, ao passo que era de 27% no Sudeste asiático, em 1990, sofrendo leve queda de 1%, ficando em 26%, em 1999.[24]

No começo dos anos 1990, alguns países emergentes da Ásia apresentavam percentagens mais elevadas nas manufaturas em relação ao PIB do que os países de alta renda e com economias industriais avançadas, inclusive o Japão.[25] Na primeira década deste milênio, ainda é verdade que os países mais "desenvolvidos" no mundo não são mais os de maior industrialização. Enquanto as economias centrais se deslocam principalmente para a área de serviços, a vigorosa industrialização se tornou a marca de diferenciação de, pelo menos, algumas partes da periferia.

Nesse sentido, as associações regionais dos países menos desenvolvidos – hemisfério ocidental, incluindo a América Latina e o Caribe, China, Índia, o resto da Ásia e a África subsaariana – demonstram perfis de crescimento acentuadamente diferentes. Entre 1984 e 1993, a América Latina e o Caribe tiveram taxas de crescimento real do PIB extremamente baixas, com média anual de somente 2,9%, tendendo a decair para 2,5 % de 1994 a 2003. No caso da China, Índia e o resto da Ásia em desenvolvimento, em contraste, houve aumento das taxas de crescimento anual entre os anos de 1984 e 1993 de, em média, 10,5%, 5,2% e 5,5%, respectivamente. Por sua vez, para o período compreendido entre 1994 e 2003, as médias anuais para a China, a Índia e o resto da Ásia em desenvolvimento estão estimadas em 8,6%, 5,9% e 4%, respectivamente. A taxa de crescimento do PIB da África subsaariana foi ainda

---

[24] World Bank (2002).

[25] Definimos as "economias industriais avançadas e de alta renda" de acordo com os critérios utilizados pelo Banco Mundial, que são: membros permanentes da OCDE (Organização para Cooperação e Desenvolvimento Econômico) com renda *per capita* de US$7.620 ou mais. Esses critérios incluem 19 países. Ver World Bank (1992).

menor do que a da América Latina e o Caribe no período entre 1984 e 1993, apresentando a média anual de 1,9%, mas se estimava que alcançaria, entre os anos de 1994 e 2003, 3,4%.[26]

O comércio mundial cresceu quase 30 vezes nas três décadas posteriores a 1960. Os bens manufaturados passaram de 55%, em 1980, para 75%, em 1990, como percentagem das exportações totais mundiais. Além disso, a participação das exportações de manufaturas nos PRI, que podem ser classificados como com "tecnologia de ponta" (*high tech*), aumentou vertiginosamente de 2%, em 1964, para 25%, em 1985, e a participação daqueles com níveis "médios" de sofisticação tecnológica passou de 16% para 22% no mesmo período. Essa expansão na qualidade e na quantidade da capacidade de exportação dos países do Terceiro Mundo, em particular para o caso dos bens manufaturados, compreende um conjunto muito diverso de países e parece estar ligada a uma reestruturação geral da economia mundial. Entretanto, essas tendências foram estimuladas pela experiência das economias asiáticas, cujas exportações nos anos 1980 e começo dos anos 1990 cresceram, em suas taxas médias anuais, 11%. As exportações da América Latina e do Caribe, ao contrário, mantiveram-se praticamente estagnadas durante os anos 1970, apresentando taxas de crescimento médio anual de 0,9%, e, entre 1980 e 1993, somente acresceram, em média, 3,9% ao ano.[27]

Tanto no que se refere às exportações como à produção, as manufaturas foram a fonte principal de dinamismo no Terceiro Mundo. Contudo, as regiões latino-americana e caribenha, com diferentes experiências entre países e regiões, têm demonstrado relativa debilidade no âmbito de exportação de manufaturas. Os principais produtos de exportação da região têm sido as matérias-primas – incluindo os produtos industriais processados e os agrícolas não tradicionais, que ainda representam mais de 80% do total das exportações –, a exportação direcionada de produtos para montagem de bens de consumo – como no caso de eletrodomésticos e eletrônicos que utilizam componentes importados – e a fabricação de produtos industriais avançados – como automóveis e computadores – dentro das redes de produção e comércio das CTs.

Na realidade, a hierarquia do desenvolvimento latino-americano é evidenciada nas características divergentes das exportações de cada país. As nações da América Central e do Caribe exportam principalmente produtos agrícolas e de vestuário. Já os países andinos são basicamente exportadores de matérias-primas, com exceção da Colômbia, onde a exportação de manufaturas alcança 1/3 das exportações legais. Os países do Cone Sul, como a Argentina e o Chile, também direcionam suas exportações para as matérias-primas, mas, de alguma forma, possuem níveis mais altos de

---

[26] International Monetary Fund (2002:167).
[27] Dados elaborados pela OCDE e extraídos de Gereffi e Hempel (1996).

exportação de manufaturas do que os encontrados na sub-região andina. Por último, no Brasil e no México, os bens manufaturados representam mais da metade do total das exportações; de fato, no caso mexicano, enquanto as exportações totais passavam de US$29,2 bilhões, em 1990, para US$124,7 bilhões, em 1998, a comercialização do petróleo, que representava 35,2% de suas exportações totais em 1990, caiu para 5,9%, em 1998, em decorrência do aumento do valor das exportações de automóveis, de máquinas e ferramentas elétricas e das telecomunicações.

Elementos cruciais desses laços com a economia global e do tipo de papel que esses países desempenham na exportação estão associados às profundas mudanças no contexto tecnológico global e a como os países se adaptam e respondem a elas. A tecnologia tem exercido efeitos paradoxais, distanciando os países ricos dos pobres e, ao mesmo tempo, "encolhendo" o globo. Na última década, o contexto tecnológico mundial se tornou excepcionalmente mutável e inovador. Um indicador é a diminuição na distância que vai desde o ciclo de inovação até o de obsolescência; outro se encontra no ramo da biotecnologia, no qual a pesquisa básica se concentra em pequeno número de grandes empresas privadas.[28] Por causa de sua dependência da pesquisa – uma forma de economia nacional –, a tecnologia é um elemento que tem aumentado a distância entre países ricos e pobres e que é responsável pelo deslocamento das relações entre diferentes setores dentro de cada país. A tecnologia tem sido também uma importante influência globalizadora, no sentido de que os principais avanços nas comunicações e nos transportes – superpetroleiros, aviões a jato, aparelhos de fax, correio eletrônico etc. – têm reduzido o espaço e o tempo. Contudo, a inovação tecnológica não foi uma forte tendência na América Latina. Mesmo que os cientistas e técnicos latino-americanos tenham sido, em diversas ocasiões, inventores e inovadores nos ramos da medicina, mineração e agricultura, suas criações, direcionadas, em geral, às condições locais e de seus produtos, têm encontrado difusão limitada. Sob o processo de ISI, a América Latina caracterizou-se pela freqüente importação de tecnologia atrasada, dirigida à produção de bens para o mercado interno.

A nova era tecnológica e de comunicações está se expandindo com rapidez pela região, com base nas privatizações e nas desregulamentações, e é principalmente evidente no ramo de computadores e na transmissão de voz e informação. A questão é se a criatividade latino-americana – que, sem dúvida, estabeleceu padrões mundiais na cultura, nas artes e na literatura – poderá articular-se e afiançar-se nas novas

---

[28] Katz (1987). Ver também World Bank (2001:184-185); enquanto em 1987 menos de 20% das patentes em biotecnologia pertenciam às seis maiores empresas do ramo, em 1999 essas empresas já controlavam mais do 60% dessas patentes e estima-se que 97% de todas as patentes do mundo estão registradas pelos países industrializados.

estruturas e incentivos comerciais nas áreas científica, industrial e médica, para, assim, capturar uma fatia justa das reservas econômicas da região. Em outras palavras, o modelo de desenvolvimento da região pode se estruturar de tal forma que permita a exportação de patentes, em lugar de somente pagar *royalties*? Hoje em dia ainda não é o caso, o que não só representa um dos muitos desafios para a região, como também seu deslocamento em direção a uma nova matriz sociopolítica, todavia não consolidada.

Finanças globais

A noção de fábrica global incorpora três características-chave de mudança: competição global e emergência de novos centros de produção; força renovada e novas funções para as CTs; e contexto de dinâmica evolução tecnológica. Também podemos falar de um "banco mundial" com setores separados para depósitos e poupanças, créditos comerciais, investimentos de alto valor, intermediação financeira, finanças corporativas, seguros e ações.[29]

A força motriz por trás do banco mundial tem sido os custos do capital e os da taxa de juros, que foram estabelecidos, por sua vez, pelas percepções dos investidores em relação ao risco/lucratividade e pelas decisões dos funcionários dos ministérios da fazenda e dos bancos centrais dos países ricos. Diferentemente do banco local, que opera sob a supervisão das autoridades de regulação locais, o banco global, principalmente no que concerne ao Terceiro Mundo, tem sido administrado pelas organizações monetárias internacionais, como o Fundo Monetário Internacional (FMI), o Banco Mundial e o Banco de Compensações Internacionais (Bank of International Settlements – BIS). No entanto, como no caso das regulamentações internas, o fluxo de capital privado e as decisões dos investidores e administradores econômicos podem passar por cima das diretrizes das agências oficiais, fazendo que os mercados financeiros internacionais se assemelhem a um vale-tudo. O significado do banco global torna-se evidente quando se analisam as recentes crises econômicas latino-americanas, as quais foram precipitadas não por falhas no sistema de produção, mas pelo nexo entre finanças nacionais e internacionais.

Durante a década de 1950, as grandes empresas locais dos países ricos ampliaram sua presença ao redor do mundo e, conseqüentemente, passaram a ser denominadas CTs. Nos anos 1960 e 1970, os bancos comerciais seguiram as CTs até seus principais mercados de além-mar na Europa, América Latina e Ásia. A distribuição do eurodólar cresceu paralelamente ao déficit comercial norte-americano e aos ou-

---

[29] Sobre o sistema bancário e financeiro global, ver Kashiwagi (1986), Johnson (1993), Kapstein (1994), Reinicke (1995) e Underhill (1996).

sados investimentos internacionais. A saída norte-americana do padrão-ouro em 1974 foi um claro indicador de que os mercados, não os governos, dirigiam as finanças internacionais; e o eurodólar se transformou na moeda corrente nas transações internacionais. A principal fonte de transferências de capital em direção ao Terceiro Mundo foi inicialmente o investimento estrangeiro direto (IED), seguido pela ajuda e assistência externa, por empréstimos das organizações multilaterais, como o Banco Mundial, e, posteriormente, no final dos anos 1970 e começo dos anos 1980, por empréstimos dos bancos comerciais.[30]

A crise da dívida – que teve início em 1982 – foi uma conseqüência do extensivo intercâmbio de liquidez entre os países importadores e exportadores de petróleo em 1974. Depois que a Organização dos Países Exportadores de Petróleo (Opep) chocou o mundo com o aumento extraordinário dos preços em 1974, o petróleo continuou flutuando do Leste ao Norte. O dinheiro em efetivo, no entanto, era depositado nos bancos de Nova York e Londres, de onde voltava a circular, na forma de empréstimos, para cobrir a balança de pagamentos de vários países do Terceiro Mundo. As transferências de fundos cessaram quando os países produtores de petróleo do Oriente Médio começaram a retirar seus depósitos para financiar obras públicas e projetos sociais nacionais e quando a inflação, historicamente alta nos países industrializados, impeliu a uma subida das taxas de juros. Acabou a liquidez e os empréstimos foram reclamados, provocando a falência daqueles países altamente endividados, em especial a América Latina.[31]

As bem-sucedidas economias exportadoras da Ásia foram as menos afetadas pela crise da dívida. Estas, ao invés de se terem apoiado nos empréstimos bancários, associaram seu crescimento às altas taxas de poupança, em geral acima de 30% do PIB, provenientes quase integralmente dos impostos cobrados às corporações. Assim, o lucro excedente obtido pelas empresas amparava a expansão internacional financeira e criava um colchão preventivo em caso de recessão. A fuga de capitais era mínima. A dívida de seus bancos comerciais era administrável e seu crescimento manteve o mesmo ritmo durante os anos 1980, enquanto os países latino-americanos estavam estagnados e fora do jogo. O modelo asiático era capaz de ocultar alguns defeitos, como, por exemplo, a debilidade de seu sistema bancário e o investimento especulativo em bens imóveis.

Durante os anos 1970 e 1980, a fuga de capitais na América Latina foi extensa. De fato, os setores do banco global que eram dirigidos a indivíduos de alto valor

---

[30] A respeito de finanças e investimentos no período do pós-guerra, ver Griffth-Jones (1984), Helleiner (1994), Ffrench-Davis e Griffith-Jones (1995).

[31] Sobre a crise da dívida latino-americana, ver Wionczek (1985), Thorp e Whitehead (1987), Oliveri (1992) e Delvin (1989).

lucrativo estiveram intensamente ocupados com a América Latina, ajudando as elites a deixar seus depósitos em dólares nas mesmas agências de Londres, Nova York e Miami, onde os setores de empréstimos comerciais tinham sofrido importantes perdas em suas carteiras latino-americanas. Em alguns casos, o tamanho desses depósitos privados quase equivalia ao total da dívida bancária comercial das economias da região. Contudo, de acordo com as normas de contabilidade, os bancos absorveram as perdas. Os grandes bancos – inclusive o de Tóquio – que apresentavam simultaneamente problemas em suas carteiras de investimentos em bens imóveis precisaram da ação silenciosa e coordenada de suas autoridades reguladoras para continuar solventes e não colocar em perigo a credibilidade pública do "banco global".

Nos final dos anos 1980, as economias latino-americanas não podiam mais contar com as "velhas" fontes de financiamento. As transferências governamentais provenientes dos países ricos cessaram quando as restrições fiscais os forçaram a limitar seus investimentos. Na falta de novo capital dos países da OCDE, as agências multilaterais não puderam aumentar seus créditos. As multinacionais vislumbraram grandes oportunidades na Ásia – em particular, na China. Os banqueiros comerciais, que tinham sofrido com a crise da dívida, não estavam dispostos a fornecer empréstimos sem contar com maior segurança. Ao mesmo tempo, a América Latina estava ávida por créditos e os países ricos ainda tinham capital para exportar.

O fluxo de capital privado para a América Latina retornou durante os anos 1990,[32] devido, em parte, às significativas medidas de liberalização financeira adotadas na região. A privatização das indústrias estatais, dos serviços públicos e dos bancos encorajou a entrada de capital, em especial em investimentos estrangeiros diretos (IEDs) e investimentos em documentos de valor – ações, garantias, bônus e outros instrumentos monetários.[33] Entretanto, essas reformas também facilitaram a saída de capital, o que aumentou a vulnerabilidade dos mercados latino-americanos e de suas economias em relação a choques externos – como aconteceu no México, em 1995, o "efeito tequila"; a "gripe asiática"; e no Brasil, em 1999, a "nova baixa". Na Argentina, o chamado *corralito*, no final de 2001, figurou como tentativa de proteger os bancos, principalmente os estrangeiros, da retirada em massa de pesos e dólares pelos ansiosos e irritados depositantes da classe média.

Da mesma forma que nos processos industriais, nas finanças houve um aumento acentuado na integração do que antes eram as atividades internacionais mais dispersas e, paralelamente, o enfraquecimento da capacidade das instituições nacionais em administrá-las, controlá-las ou, até mesmo, regulá-las. Os mercados financeiros globais estão apoiados na predominância do mercado sobre os órgãos reguladores,

---

[32] Para uma discussão valiosa, ver Griffith-Jones e Stallings (1995:143-173).
[33] Ver Edwards (1995), Morales e McMahon (1996), Birch e Haar (1999), Oxhorn e Starr (1998).

no crescimento do fluxo de informação, no rápido movimento de capital e em uma quase instantânea "corrida em direção à qualidade" em tempos difíceis. Comerciantes em Tóquio, Londres, Nova York e Chicago ajudaram a fixar o valor das moedas, dos níveis de reservas estrangeiras e dos juros de longo prazo.

Enorme quantidade de tecnologias baseadas em computadores e combinadas com serviços de informação por satélite e televisão de alcance global transmite, em tempo real, importantes notícias referentes ao mercado para os investidores e consumidores. Investimentos de portfólios em segurança, depósitos de curto prazo e mercados de títulos secundários buscam mercados nos quais os fundos possam entrar e sair rapidamente. Os gerentes dos portfólios se baseiam em sua capacidade para retirar os fundos ao primeiro sinal de possível perigo. Os investidores nacionais das economias locais antecipam uma crise, com freqüência, através da fuga de reservas em dólares, depois de perder a confiança na liderança política e financeira. Esse foi o caso após o assassinato de políticos e na insurreição indígena no México, na paralisia legislativa no Equador e no Brasil, bem como na moratória da dívida externa argentina. Também, durante as campanhas eleitorais, a presença de um opositor pode acarretar o crescimento da diferença (*spread*) entre as taxas de juros de bônus nacionais e dos bônus do Tesouro norte-americano, o que pode ser interpretado como indicador de "risco político" para os mercados internacionais que, dessa forma, buscam desacreditá-lo, como foi o caso, afinal sem sucesso, de Luiz Inácio Lula da Silva na sua frutífera corrida eleitoral pela presidência do Brasil, em 2002.

As dolorosas lições dos anos 1980 induziram os investidores institucionais a agir como intermediários financeiros, vendendo os bens imediatamente e "fazendo a transação por fora, sem registro". O deslocamento do risco em direção aos investidores transitórios e oportunistas, que buscam obter a melhor posição na relação rendimento/risco, significa que as economias nacionais têm poucos amigos de longa data nas principais instituições financeiras. Quando os tempos são bons, os bancos de investimento apressam-se a oferecer negócios com altas taxas de lucro, entregam o capital, distribuem garantias em sua rede de investidores e saem correndo atrás do próximo negócio. Quando uma empresa ou economia tropeça no caminho, esses mesmos bancos não se encontram disponíveis para oferecer assistência emergencial, porém irão intermediar o socorro, ao propor altas taxas de juros e altas cobranças. Contudo, o negócio de bancos de investimento não está livre dos riscos; uma queda nos valores de câmbio ou uma mudança na taxa de juros pode alterar os instrumentos de negociação e resultar em perdas significativas para os bancos de investimento de alto prestígio do Primeiro Mundo. Isso ocorreu com os bancos espanhóis que operavam na Argentina na crise de 2001/02.

As exigências do banco global obrigaram muitas economias latino-americanas a adotar novos processos internos. A privatização das empresas estatais foi um mecanismo para equilibrar o orçamento governamental e gerar bens que atraíssem o capital internacional. A dolarização foi o meio utilizado para ajudar a projetar uma imagem de maturidade financeira e a baixar a inflação até as médias mundiais. As reformas fiscais – como o equilíbrio orçamentário, o ajuste fiscal e a reforma previdenciária – foram lançadas no sentido de incrementar a taxa da poupança interna. Por sua vez, os fortes mercados de capital de curto prazo, inclusive os depósitos a prazo fixo em dólares, deviam atrair investimentos de portfólio e manter a balança de pagamentos positiva. Os mercados de ações deveriam prover outros meios para a atração de capital local e internacional. Por último, a desregulamentação dos investimentos poderia induzir as grandes multinacionais a preferir gastos de capital na América Latina, em lugar da Ásia, Europa ou África.

Assim, a situação de muitos países latino-americanos no final do século XX era consideravelmente diferente daquela do começo dos anos 1980, quando as empresas estatais eram "sacrossantas", o comércio exterior estava oficialmente regulado, a inflação era tolerada e até encorajada, o mercado de capitais era primitivo e o mercado de ações era ridículo. No entanto, muitas das reformas que haviam sido introduzidas negaram, alteraram ou exploraram o contexto sócio-histórico, e as mudanças emergentes ainda não conduziram a fluxos permanentes de investimento externo ou taxas maiores de crescimento para a maioria dos países. As privatizações estavam impregnadas de corrupção e, com freqüência, os novos proprietários não respeitavam os contratos de reinvestimento. A política de convertibilidade na Argentina, que não foi acompanhada por nenhum tipo de reforma, acabou levando a economia à falência. Os mercados de ações locais continuaram sendo manipulados e mais voláteis do que os das economias mais desenvolvidas. Enquanto a América Latina ingressa no século XXI, as conseqüências da conjuntura anterior aparecem: a falta de investimento na região após o auge inicial e a reputação dos mercados como de alto risco. Nesse sentido, torna-se claro que as forças internacionais ajudaram a reestruturar as práticas econômicas da América Latina e a minar a velha matriz sociopolítica estatal-nacional-popular.

Outras formas de globalização

A globalização econômica tem seus precedentes, na América Latina, no século XIX, quando a região recebia grandes investimentos tanto europeus como norte-americanos e sua economia se baseava na exportação. Até mesmo nos séculos XVI e XVII, a região fazia parte do sistema econômico mundial e era amplamente responsável pela relativa prosperidade de seus patronos coloniais, Espanha e Portugal, que, na época, eram potências mundiais. As principais diferenças em relação aos séculos XX e XXI são a velocidade das comunicações e a facilidade de mobilização física das pessoas, que encorajam as transformações econômicas, mas também afetam a cultura, as identidades e os movimentos sociais.[34]

Os filmes populares e a música norte-americana e européia dominam os cinemas e as estações de rádio urbanas por toda a América Latina, apresentando ao seu público fenômenos do que, às vezes, é chamado de imperialismo cultural. A falta de financiamento explica, em grande parte, a escassez de alternativas produzidas na região, mas a verdade é que o público latino-americano prefere o cinema estrangeiro e a música importada às produções locais. A programação televisiva apresenta amplo conteúdo regional e as novelas mais populares do Brasil, México e Venezuela têm audiência nos Estados Unidos, Europa ocidental e Rússia não somente entre os imigrantes latino-americanos. No Norte, a popularidade de vários estilos musicais e de artistas com raízes da América Latina demonstra que, no âmbito cultural, a globalização tem dois lados.

As comunicações também desempenham papel importante no aumento da visibilidade das questões de política pública. Um exemplo é o movimento em prol do meio ambiente, que começou na Europa e nos Estados Unidos e encontrou bastante resistência na América Latina. Os empresários, o governo, os formadores de opinião e até o cidadão comum acreditavam que a insistência na necessidade de proteção ambiental era um subterfúgio para desacelerar o crescimento econômico latino-americano e manter sua situação de dependência. Essa oposição não impediu que fundações estrangeiras financiassem incipientes organizações ambientais na sociedade civil ou que organizações não-governamentais (ONGs) estabelecessem filiais nos países da região. Tampouco bloqueou a difusão em espanhol de assuntos do meio ambiente pelos canais televisivos Cable News Network (CNN) ou pela televisão inglesa British Broadcasting Corporation (BBC), nem as notícias e reportagens sobre ações judiciais e de cidadãos contra poluidores nos países industriais.

A consciência da devastação ambiental no mundo europeu oriental não-capitalista ajudou a debilitar os argumentos simplistas da dependência. Ao mesmo tempo, as reportagens baseadas em investigações – realizadas pelos meios de comunicação locais, incluindo O *Globo*, *La Nación*, *El Universo* e *Televisa*, sobre as riquezas retiradas das florestas, rios, oceanos e áreas de mineração por investidores pouco interessados no bem comum – levaram a uma mudança na atitude dos cidadãos em relação ao meio ambiente, a qual adquiria mais força ante os altos níveis de poluição das cidades do México, São Paulo e Santiago. Pelo menos, algumas das principais empresas latino-americanas descobriram que podia ser vantajoso melhorar seus regis-

---

[34] Ver, entre outros, Barbero (1993), Barbero, López de la Roche, Jaramillo e Ortiz (1999), Garretón (1999a) e Canclini (1999).

tros ambientais de acordo com as especificações contidas na Organization of International Standards, como é o caso do ISO 2003, não só em relação a sua imagem pública, mas também para melhorar sua competitividade na economia internacional. Muitos de seus clientes e distribuidores nos países industrializados lhes exigiram, antes de confirmar os pedidos, um período de tempo para se certificar de que seus produtos tinham sido manufaturados de acordo com as normas de proteção ambiental. As pesquisas demonstram que até mesmo os consumidores da América Latina levam em conta a responsabilidade ambiental como um critério na decisão da compra. Contudo, o progresso nas questões críticas do meio ambiente ainda é incerto e lento.

O terrorismo não-estatal – ou seja, atos de violência política realizados pela oposição ao sistema contra civis indiscriminadamente – não é comum na América Latina e está concentrado localmente.[35] No final do século XX, os casos mais proeminentes têm sido as ações de elementos criminosos, como é o caso da máfia do narcotráfico colombiana, que busca influenciar as políticas governamentais ou impedir a extradição, e do Sendero Luminoso, no Peru, que tem desmoralizado o poder público e deslegitimizado o governo. Para enfatizar, nos anos 1970 e 1980, um dos mais famosos terroristas internacionais – Illich Ramírez Sánchez, ou Carlos, o Chacal –, cúmplice em seqüestros de aviões e atentados com bombas, tinha nascido na Venezuela; mas a região não é foco nem plataforma de atentados internacionais.[36]

A região não poderia isolar-se para sempre do terrorismo como uma arma utilizada para enfrentar assuntos políticos em outras partes do mundo. A relativa facilidade na mobilização e nas comunicações (fax, correio eletrônico cifrado) tem levado a essa transformação. Em 1992, o terrorismo internacional organizou um atentado na embaixada de Israel em Buenos Aires e, dois anos mais tarde, repetiu o ato terrorista na Asociación Mutual Israelita Argentina (Amia). Essas ações violentas foram executadas por colaboradores argentinos financiados por agentes estrangeiros. Pouco depois dos ataques em Nova York e Washington, em 11 de setembro de 2001, as autoridades oficiais anunciaram a presença de células terroristas do Oriente Médio na

---

[35] Como o próprio ato, a definição de terrorismo depende de uma interpretação política. De acordo com a Lei norte-americana nº 22 (US Code, Section 2656(d), 2002, disponível em <www4.law.cornell.edu/uscode/22/2656f.html>), por exemplo, o termo "terrorismo" significa violência premeditada, politicamente motivada, perpetrada contra alvos civis por grupos subnacionais ou agentes clandestinos, que, em geral, buscam influenciar o público; o termo "terrorismo internacional" significa terrorismo ligado a indivíduos ou o território de mais de um país; e o termo "grupo terrorista" significa qualquer tipo que pratica, ou subgrupos significativos que praticam o terrorismo internacional. Esta definição não dá conta do "terrorismo de Estado", que tem sido praticado na América Latina, referido aos contextos em que os governos seqüestram, assassinam ou "eliminam" cidadãos sem julgá-los.
[36] A história de Carlos é contada por Follain (1998).

fronteira permeável entre Argentina, Paraguai e Brasil, perto das cataratas de Iguaçu, razão pela qual muitos países latino-americanos prenderam suspeitos de terrorismos.

Os sistemas de comunicações criaram uma consciência instantânea e quase universal a respeito do ataque de 11 de setembro, o que fez com que não só os cidadãos norte-americanos se inquietassem pela sua segurança pessoal, como também a população latino-americana informada. Por sua vez, a sensação de incerteza generalizada afetou negativamente as economias latino-americanas, em especial aquelas mais ligadas aos Estados Unidos.

A extensão do terrorismo gerou conseqüências tanto econômicas como psicológicas na região. Um país que sofreu um declínio acentuado na atenção antes dispensada pelos Estados Unidos foi o México. O presidente Vicente Fox foi o primeiro mandatário a visitar George W. Bush após sua posse, esperando inicialmente a possibilidade de alcançar progressos significativos, a curto prazo, em relação a uma maior racionalidade nas políticas norte-americanas de imigração. Contudo, devido às novas preocupações relativas à segurança nos Estados Unidos, essa temática deixou de ser prioritária. Outro país que também sofreu as mudanças na política norte-americana foi a Colômbia. A violência política nesse país tinha alcançado, de forma devastadora, civis desarmados, em particular no que se refere às ações realizadas pelos grupos paramilitares organizados à sombra das Autodefesas Unidas da Colômbia (AUC), pelas Forças Armadas Revolucionárias da Colômbia (FARC) e, também, pelo menor esquadrão do Exército Nacional de Liberación (ENL). Entretanto, até os ataques de 11 de setembro, a intensa expansão da assistência militar dos Estados Unidos na Colômbia estava oficialmente relacionada à luta contra o narcotráfico, apesar de objetivar também a contenção da contra-revolução. Depois dos ataques, a assistência militar norte-americana declinou em relação ao auge alcançado durante a administração de Clinton, assim como também diminuiu a atenção ao tráfico de drogas, já que os Estados Unidos transferiram seu foco de preocupação para a rede Al Qaeda, para os países vinculados a ela e para as ameaças terroristas dentro do território norte-americano. Não obstante, a assistência militar norte-americana voltou a aumentar em 2002, como resultado do fortalecimento da percepção de que a violência colombiana era um problema terrorista, em especial no período que se seguiu à posse do novo presidente da Colômbia, Álvaro Uribe.

No começo de 2003, ainda não se sabia quais seriam as conseqüências mais significativas para a região dos atentados de setembro. Uma poderia ser a redescoberta, por parte dos Estados Unidos, da importância e do valor de um Estado coerente e funcional, apesar de ainda não estar claro quando isso se estenderá para além das funções de defesa nacional e segurança interna, focalizadas agora mais na ameaça de terrorismo do que na do comunismo. Outra poderia ser a relativa marginalização da América Latina no que tange aos Estados Unidos, em relação aos principais temas que afetam a região – como as finanças, o comércio e a imigração.

Contexto internacional e papel das políticas estatais

A economia global implica a existência de um contexto político internacional que incorpore as formas supranacionais de integração econômica regional, apesar dos altos e baixos que ocorreram no transcurso de seu surgimento e desenvolvimento e das diferenças nas políticas econômicas das nações-Estado. A importância das políticas estatais em relação às novas funções na exportação que emergem da cadeia global de bens de consumo (*commodities*) se divide em dois níveis: as políticas protecionistas dos governos nos países industriais avançados e as estratégias de desenvolvimento das nações do Terceiro Mundo.

O protecionismo evidencia-se nos bens manufaturados e, em particular, nas exportações agrícolas. As exportações desses bens, inclusive de produtos alimentícios, dos países do Terceiro Mundo para os países de industrialização avançada enfrentam impostos que, em média, são quatro vezes mais altos do que as exportações do mesmo ramo originadas nos países industriais; ademais, em geral, esses impostos são cobrados em escala, de acordo com os níveis de produção. Dessa forma, as políticas protecionistas, a partir de suas práticas e impostos, normas e subsídios de exportação, são ainda mais evidentes nos produtos agrícolas. Os impostos cobrados pelos países industriais sobre os produtos agrícolas – como a carne, o açúcar e os derivados do leite – de países menos desenvolvidos são quase cinco vezes mais altos do que os cobrados sobre os produtos manufaturados. Em conseqüência, enquanto o comércio global de bens manufaturados cresceu anualmente 5,8% entre 1985 e 1994, o comércio global de produtos agrícolas aumentou somente 1,8% ao ano no mesmo período.[37]

Ao mesmo tempo, essas políticas protecionistas dos países centrais desempenham uma função-chave no estímulo ao avanço dos padrões atuais de globalização da atividade econômica. Tarifas, impostos de importação e outras medidas protecionistas têm sido utilizados pela União Européia, pelos Estados Unidos e pelo Canadá desde os anos 1960, para regular o comércio de indústrias como as têxteis e de confecção, de calçados, automotoras, de televisões a cores e eletrodomésticos.[38] Particular atenção era dada às exportações de manufaturas provenientes do Japão e dos países recente-

---

[37] World Bank (2001:180).
[38] Yoffie (1983).

mente industrializados (PRI) da Ásia oriental. Mesmo que essas políticas protecionistas visassem originalmente proteger as empresas dos países industriais de uma enxurrada de produtos importados de baixo custo que ameaçavam as indústrias locais, o resultado foi exatamente o contrário: o protecionismo elevou a capacidade de exportação das manufaturas do Terceiro Mundo.[39] Contudo, o fato de, durante esse período, os países latino-americanos terem diminuído sua ênfase nas exportações como meta econômica limitou sua capacidade para desenvolver indústrias competitivas.

A atualização industrial nos PRI foi uma das principais conseqüências das normas de importação porque permitiu aos bem-sucedidos exportadores asiáticos maximizar os lucros do comércio exterior e as vantagens das restrições quantitativas ao comércio. O Japão seguiu uma estratégia similar na indústria automotora. O protecionismo dos países centrais também teve uma segunda conseqüência: a diversificação da competição estrangeira. A imposição de normas para um número cada vez maior de países exportadores do Terceiro Mundo levou os produtores do Japão e dos PRI da Ásia oriental – que ainda tinham de enfrentar os aumentos nos custos da mão-de-obra na substituição de importações e a valorização da moeda – a abrir novas fábricas-satélite nos países de além-mar, onde os salários eram mais baixos e ofereciam vantagens fiscais e empregatícias.

Existe uma importante afinidade entre as estratégias de desenvolvimento nacional da ISI e da industrialização orientada para a exportação (IOE) e a estrutura da cadeia de manufaturas, como vimos na seção anterior. A substituição de importações ocorre no mesmo tipo de indústrias intensivas de capital e tecnologia, representadas por cadeias de bens de consumo estimuladas pelo produtor – como o aço, o alumínio, petroquímicos, maquinaria, automóveis e computadores. Além disso, os principais agentes econômicos nos dois casos são as CTs e as empresas estatais. Por sua vez, a industrialização orientada para a exportação, ao contrário, é em geral canalizada para as cadeias de bens de consumo estimuladas pelo comprador, onde a produção das indústrias de trabalho intensivo se concentra nas pequenas ou médias empresas privadas locais, situadas principalmente no Terceiro Mundo. Historicamente, a estratégia de desenvolvimento orientada para as exportações das CTs da Ásia oriental e as cadeias de bens de consumo estimuladas pelo comprador surgiram juntas nos anos de 1970, o que sugere uma forte conexão ente o sucesso da IOE e o desenvolvimento de novas formas de integração organizacional nas redes industriais estimuladas pelo comprador.

Entretanto, essas estratégias de desenvolvimento orientadas para a exportação levam, com freqüência, à fragmentação, e não à integração das economias nacio-

---

[39] As indústrias têxteis e de confecção de Hong Kong são um excelente exemplo desse processo. Ver Wong (1998) e Lardner (1988).

nais. As políticas da ISI instituíram um padrão de segmentação das nações-Estado, no qual as indústrias locais paralelas se estabeleciam para abastecer, com bens acabados, os mercados locais altamente protegidos e, desse modo, reforçavam outros aspectos do tipo de matriz sociopolítica vigente no momento. O mais recente passo em direção à IOE, que, em geral, se dá mediante a continuidade da ISI, incentivou a lógica da integração transnacional, esta baseada na especialização geográfica e no fornecimento (*sourcing*) global. Como resultado, as economias nacionais podem segmentar-se de forma crescente por região e setor, com enclaves que mantêm ligações mais fortes com empresas estrangeiras do que com firmas nacionais complementares. O México é bom exemplo de um país que tem diversificado suas exportações e experimentado significativos deslocamentos nessa atividade: de produtos primários, passou a exportar produtos manufaturados. Continua, porém, sofrendo sérias limitações. Durante a década passada, essas dinâmicas mudanças econômicas não se traduziram em maiores salários reais para os trabalhadores e a maioria dos consumidores mexicanos não está melhor do que há 10 anos. Por sua vez, existe uma preocupante lacuna entre o número de empregos criados e o número de jovens que entram no mercado de trabalho, apesar de já existir uma marcante divisão entre o "dólar México", ligado ao mercado internacional, e o "peso México", circulando nas mãos dos empobrecidos consumidores locais, em sua maioria.[40] Esse tipo de lacuna, ligada, com freqüência, às complicadas dimensões de gênero, etnia e regionais, pode ser encontrado, com variações, por todo o continente.

Dessa forma, a política estatal tem um importante impacto nas cadeias globais de bens de consumo e, de forma mais ampliada, nos padrões de desenvolvimento. Contudo, nas IOE, os governos são os principais facilitadores; estes criam as condições, mas buscam não se comprometer diretamente na produção. Os governos intentam gerar a infra-estrutura de apoio necessária para fazer que as indústrias orientadas para a exportação funcionem. Isso inclui modernos meios de transporte e redes de comunicação; determinação de áreas específicas – como é o caso das zonas processadoras de exportações ou *maquiladoras*, no México, América Central e Caribe; subsídios para as matérias-primas; devolução de impostos sobre produtos importados utilizados na produção dos bens exportados; e instituições de financiamento flexíveis e facilidades de crédito – por exemplo, facilidades na obtenção de crédito para as pequenas empresas.

Na ISI, os governos desempenham papel muito mais intervencionista, aplicando todos os instrumentos das políticas industriais, como a exigência relativa ao conteúdo doméstico dos produtos, empreendimentos conjuntos com sócios locais e esquemas de promoção industrial. Nesse processo, o governo está geralmente envolvido

---

[40] Ver Gereffi (2003) e Peters (2000).

nas atividades de produção, em especial no que se refere às indústrias fornecedoras, que freqüentemente fabricavam produtos intermediários, como aço e petroquímicos.

O papel do Estado na fase de produção é o de facilitar as cadeias de bens de consumo estimuladas pelo comprador e intervir mais nas cadeias de bens de consumo estimuladas pelo produtor. Contudo, há uma importante advertência para as cadeias de bens de consumo estimuladas pelo comprador. Como são indústrias orientadas para a exportação, as políticas estatais dos países consumidores ou importadores, como a dos Estados Unidos, adquirem relevância, pois é onde as políticas protecionistas – taxas, normas e restrições voluntárias às exportações –, impostas pelos Estados Unidos ou por outros países consumidores fundamentais, direcionam as localizações da produção das cadeias estimuladas pelo comprador. Se compararmos o fornecimento global de vestuário, em que as normas são predominantes, e de calçados, que não possui normativas, observamos que há muito mais países envolvidos nas redes de produção e exportação de roupas que de sapatos. Esse fato é basicamente um efeito da existência de normativas, pelo qual o conjunto de exportações de vestuário do Terceiro Mundo está se expandindo continuamente e buscando ultrapassar o teto de importações estipulado pelas normas contra os anteriores bem-sucedidos exportadores de vestuário. Em poucas palavras, a globalização da produção exportadora tem sido incentivada por dois diferentes grupos de políticas estatais: os esforços do Terceiro Mundo em promover as IOE em conjunto com o protecionismo dos mercados dos países desenvolvidos.

Os acordos comerciais e de integração econômica têm feito parte das estratégias dos países latino-americanos para gerar exportações e controlar a volatilidade de seus mercados. As iniciativas mais conhecidas nos anos 1990 e na nova década foram o Nafta e o Mercosul. No entanto, esses são apenas dois exemplos dentro dos mais de 12 acordos que estão unindo os países em uma infinita gama de combinações, inclusive alguns com distâncias geográficas consideráveis. O Nafta uniu os Estados Unidos, o Canadá e o México mediante um acordo comercial e de investimento que visa eliminar as taxas e as restrições para investimentos nesses países durante 15 anos. O Mercosul reuniu originalmente o Brasil, a Argentina, o Uruguai e o Paraguai e depois a Venezuela, o Chile, a Bolívia, a Colômbia, o Equador e o Peru como membros associados, em um mercado comum emergente que tem como iniciativa a eliminação gradual de tarifas e restrições nos investimentos entre os países-membros, assim como o estabelecimento de uma tarifa comum externa para produtos estrangeiros importados.[41]

---

[41] Exemplos da extensa literatura sobre o comércio no hemisfério: Weintraub (1994), Bizzozer e Vaillant (1996), Velloso (1995), Bouzas e Ros (1994), Buitelaar e Dijck (1996), Mayer (1998), Roett (1999), Mace e Bélanger (1999), Gereffi, Spener e Bair (2002).

Esses acordos têm favorecido implicitamente alguns atores nacionais e internacionais e os proponentes não escondem o fato de que todas as reformas nas medidas comerciais têm "ganhadores e perdedores". Dentro dos países latino-americanos, os ganhadores foram principalmente as grandes indústrias, que contam com a capacidade de racionalizar os custos para competir em um mercado maior; os atores financeiros, com capital de investimento suficiente para se expandir em direção às economias dos outros países-membros; e provedores de serviços, que se têm beneficiado com a supressão das barreiras nos transportes, na construção, nos seguros, na contabilidade e na saúde.[42] Os perdedores foram os trabalhadores rurais, os trabalhadores excedentes, os proprietários de pequenas indústrias, os pequenos varejistas e determinadas indústrias – como as de mineração em pequena escala – que requerem subsídios ou isenção de impostos para sobreviver.

Os críticos da abertura econômica são aqueles que acreditam que os acordos comerciais podem prejudicar o avanço em direção a uma economia global eficiente, aqueles que perderam suas empresas ou os que ficaram do lado dos perdedores. O primeiro grupo argumenta que tanto o Nafta como o Mercosul somente desviam o comércio e os investimentos (ou seja, apenas redirecionam o produto ou o fluxo de capital, mas não os aumentam); que se fecham nas ineficiências e nos subsídios cruzados (no caso de grandes unidades econômicas); e que tendem a prejudicar os que não são membros. O segundo grupo de opositores inclui aqueles que não acreditam no capitalismo como agente racional, já que concentra seus benefícios principalmente nas elites econômicas e seu efeito, a longo prazo, pode ser o empobrecimento de grande número de pessoas, em lugar de seu enriquecimento. O terceiro grupo abarca os que temem ser retirados dos negócios quando a competição externa invadir seu comércio previamente protegido. Esses rejeitam o argumento de que os perdedores iriam perder de qualquer jeito, ou que a aceleração da racionalização econômica levará a um crescimento econômico mais rápido que, finalmente, empregará os setores excluídos nos novos setores industriais competitivos. Todos os opositores supõem, corretamente, que os acordos comerciais ou os mercados comuns são um sinal de mudança fundamental no modelo de desenvolvimento e um afastamento da matriz sociopolítica dominante.

Os defensores de ambas as linhas têm encontrado na região apoio empírico para suas posições. A globalização melhorou a competitividade internacional em várias partes da região, levando à expansão dos níveis gerais de exportação e, no mínimo, ocorreram algumas inovações industriais. Apesar do recorte feito nas políticas industriais locais, o capital local se manteve. As empresas nacionais encontram-se, com mais proeminência, nas atividades de produção de exportações não-tradicionais e

---

[42] Ver Durand e Silva (1998) e Silva (1998).

como montadoras ou *maquiladoras* nas áreas destinadas ao processamento de exportações e provedoras de componentes nos setores fabris avançados. Os esquemas de integração regional, como o Nafta e o Mercosul, criaram incentivos para a regionalização das cadeias de bens de consumo, as quais geram o potencial necessário para a integração reversa e à frente (*backward and forward integration*).

Entretanto, a experiência latino-americana com a globalização desde os anos 1980 até os dias de hoje mostra-se altamente problemática. Em geral, as exportações intensivas de tecnologia da região para o mercado global permanecem muito baixas. Além disso, os altos e crescentes níveis de desigualdade na distribuição da renda limitam os mercados globais e geram excessiva dependência das exportações, inclusive pelo fato de a região estar marcada por profundas assimetrias econômicas nacionais e regionais. As CTs têm afirmado sua presença na região. No começo dos anos 1990, os investimentos de portfólio e os investimentos diretos estrangeiros substituíram os empréstimos dos bancos comerciais internacionais como primeiro recurso de captação de capital externo. As CTs são, hoje em dia, a força dominante em cada uma das principais linhas de exportação latino-americanas: nos setores de recursos, nas indústrias de manufaturas tradicionais e nos bens de consumo avançados. Por sua vez, dada a ênfase neoliberal das privatizações na América Latina, as CTs fortaleceram sua dominação mediante a recaptura de posições estratégicas nas indústrias de extração e de bens intermediários na região e, do mesmo modo, os crescentes novos setores nas áreas de serviços, como as telecomunicações e as bancárias.

Nas duas últimas décadas, o modelo dominante de desenvolvimento mudou significativamente. Abandonando as indústrias estatais auto-suficientes que produziam para o mercado local, o modelo passa a enfatizar a integração econômica dirigida, com base em regras de vantagens comparativas, com competitividade e com a eliminação das diferenças entre o nacional e o estrangeiro. A América Latina aumentou sua presença em ambas as cadeias de produção de bens de consumo – estimuladas pelo comprador e pelo produtor –, como, por exemplo, no caso do aço brasileiro e das *maquiladoras* mexicanas. A produção primária, desde bananas até petróleo, constitui ainda a maior parte das exportações destinadas ao Norte, porém existem diversas novas e significativas tendências que possuem efeitos contraditórios. Esses efeitos incluem a dolarização dos mercados financeiros locais; a emergência de um poder mais concentrado nas mãos de conglomerados econômicos nacionais associados, às vezes, a investidores estrangeiros, que, mediante os processos de privatização, eram, em geral, administrados com corrupção e acarretavam a formação de monopólios privados não-regulados; a descoberta e exploração de oportunidades de venda nos países vizinhos por empresários latino-americanos; e a diluição do nacionalismo econômico como elemento-chave da união nacional.

Caminhos históricos da integração no sistema econômico e político mundial

Enquanto refletimos acerca da relação entre o modelo de desenvolvimento da América Latina e as tendências mundiais estabelecidas pelos principais países industriais durante o século passado, podemos identificar vários períodos históricos. O primeiro vai de 1870 até 1914, no momento em que os maiores países latino-americanos iniciam sua integração à economia mundial. O segundo começa em 1914 e termina em 1945, quando esses países começam a definir suas alternativas protecionistas ante a crescente desorganização no mundo capitalista, em particular nos anos 1930, quando a matriz sociopolítica estatal-nacional-popular começa a emergir nos maiores e recém-modernizados países da região (ver capítulo 2). O terceiro concentra-se entre 1945 e a metade dos anos 1970, que marca claramente uma bifurcação entre as tendências do mundo dominante para as orientações mais autárquicas e desenvolvimentistas da região. No período atual, o continente tem se afastado da bifurcação e retornado a suas antigas afinidades em relação ao sistema capitalista mundial.

Em termos gerais, de 1870 a 1914, a economia mundial foi marcada pela ideologia do *laissez-faire* e as oligarquias latino-americanas apoiaram cada vez mais o capitalismo liberal como ideologia, enquanto as nações do continente se preocupavam com a construção do Estado. Durante esse período, os países latino-americanos tenderam a seguir as orientações mundiais dominantes, voltadas para maior abertura das relações econômicas, e também desfrutaram do crescimento substancial resultante das exportações, do aumento dos investimentos externos e de Estados mais fortes. Isso foi particularmente evidente nos casos dos países maiores e de modernização recente, como México e Brasil, e dos países do Cone Sul, como Argentina, Chile e Uruguai; foi secundário nos países andinos de modernização tardia, como Colômbia, Peru e Venezuela, e também na Costa Rica, na América Central; e foi apenas aparente no resto dos países de modernização tardia, em especial no caso dos andinos, sobretudo nos da América Central e do Caribe.

Durante as cinco décadas anteriores à Primeira Guerra Mundial, o crescimento orientado para o exterior e a expansiva integração da economia mundial liderada pela Europa forneceram os recursos materiais e a retórica político-ideológica necessária para a construção do Estado. Nesse período, a arquitetura econômica nas novas nações latino-americanas era tanto a favor do *laissez-faire* como "dirigista". Por um lado, os princípios do mercado foram consistentemente seguidos e defendidos. Assim, o livre mercado foi favorecido nas duas direções, matérias-primas e alimentos foram exportados e os produtos manufaturados, importados. O fluxo de capital internacional era promovido pelos governos da América Latina em contexto onde os mercados de capitais desenvolviam suas atividades sem quase nenhuma intervenção ou restrição governamental.⁴³ A maioria dos países aderiu ao padrão-ouro e buscou defender o câmbio de suas moedas. Por outro lado, a intervenção estatal era, com freqüência, destinada à defesa do setor exportador de possíveis efeitos adversos da sobreprodução no mercado mundial e da obsolescência de determinados bens de consumo e técnicas atrasadas de produção.

O surgimento das novas nações da América Latina foi o resultado da expansão do comércio internacional e do capitalismo industrial. Esse processo se acelerou justamente no momento em que a região se integrava plenamente à economia mundial durante o meio século anterior à Primeira Guerra Mundial. Pode-se afirmar, de fato, que a América Latina se "integrou excessivamente" no sistema econômico mundial liderado pela Inglaterra do *fin de siècle*. Ao contrário dos Estados Unidos ou do Japão, a América Latina, como a Rússia czarista, sempre dependeu dos investimentos estrangeiros para a acumulação de capital. E, ao contrário dos Estados Unidos e de muitos países europeus, que presenciaram reações protecionistas por parte da estrutura de livre-comércio inspirada pela Inglaterra, as forças protecionistas eram fracas e escassas na América Latina.

O período subseqüente – que começa em 1914 e vai até 1945 – foi marcado pela desorganização do capitalismo de livre mercado e pela intensificação das estratégias protecionistas na Europa ocidental e nos Estados Unidos, principalmente, após 1930. Na verdade, depois do período entre 1930 e 1945, o comércio mundial diminuiu drasticamente, assim como os fluxos internacionais de capital, fazendo que as economias decaíssem. Os países-chave da América Latina, como Argentina, Brasil e Chile, criaram Estados maiores e mais burocratizados e protegeram seus mercados internos para que substituíssem o espaço deixado pela economia mundial. Dessa forma, nesse período, as tendências latino-americanas eram ainda amplamente consistentes com as dos países industrializados.

A Primeira Guerra Mundial danificou de forma irreversível o sistema informal, apesar de integrado, de fluxos de capital e de fluxos de imigração européia e também os intercâmbios comerciais centrados na Inglaterra. Após a Primeira Guerra, os Estados Unidos se tornaram, para todos os propósitos práticos, o único credor no mundo, o que teve efeitos imediatos na América Latina. Enquanto o investimento norte-americano na região tinha sido marginal antes de 1913, os novos investimentos estadunidenses na região entre 1920 e 1931 eram de US$2 bilhões contra apenas £$51 milhões aplicados pela Grã Bretanha.⁴⁴

A substituição da Inglaterra pelos Estados Unidos como principal investidor não foi só uma mudança de centro, mas também esteve associada a grandes transforma-

---

⁴³ Ver Fishlow (1985:394).
⁴⁴ Fishlow (1985:419).

ções nas estruturas políticas e econômicas mundiais, que afetavam as ligações latino-americanas com o mundo e redefiniam, de modo radical, as configurações políticas e econômicas da maioria dos países da região. A quebra da ordem informal do capitalismo internacional anterior à guerra abriu caminho para um período de mais de três décadas, no qual o declínio do comércio e do capital de investimento era significativamente um efeito da intensificação dos conflitos internacionais e intranacionais.

Nos principais países capitalistas, o período compreendido entre 1914 e 1945 – em particular, durante a Grande Depressão após 1930 – testemunhou uma série de processos encadeados. Estes incluíam: a intensificação das estratégias de protecionismo autárquico na Europa ocidental e na América do Norte; a relação cada vez menos estável dos Estados europeus; a politização dos conflitos entre trabalhadores e capitalistas e, consecutivamente, entre agricultores e consumidores; a emergência de fórmulas políticas alternativas nas transições para regras de mandato popular.[45] Depois da guerra, os países centrais capitalistas se tornaram mais autônomos, em decorrência da diminuição do comércio internacional e da reorientação do crescimento em direção ao interior de cada país. Ao mesmo tempo, essas nações se tornaram mais interdependentes, já que as políticas econômicas de cada uma estavam mais inter-relacionadas com as demais. Contudo, ainda havia uma diferença fundamental entre os países recém-modernizados da Europa oriental e os da América Latina. Os conflitos internacionais e as ameaças de guerra eram permanentes no horizonte político das nações européias, obrigando-as a se aproximarem; esse mecanismo perverso de integração, mas não menos efetivo, esteve em geral ausente na América Latina.

As tendências predominantes nos anos 1920 foram precursoras daquilo que iria acontecer nas duas décadas e meia seguintes. Durante a Depressão e os anos de guerra, como Carlos Díaz-Alejandro analisou com propriedade, tiveram lugar duas diferentes reações, por parte da América Latina, a essas transformações e à decadência da ordem internacional imposta pelo *laissez-faire*. A maioria dos países andinos, da América Central e do Caribe – de modernização tardia e extremamente tardia – continuou intentando aplicar os preceitos da ortodoxia do livre mercado. As tentativas de se apoiarem no padrão-ouro e no livre-comércio fracassaram, mas tais resultados não levaram esses países a adotarem políticas protecionistas ou outros instrumentos de intervenção estatal. A maioria, ao contrário, recorreu à criação de laços comerciais mais fortes com os Estados Unidos e com as nações européias industrializadas, na tentativa de assegurar uma fatia permanente de seus mercados.[46]

---

[45] Para uma análise mais profunda das origens dos regimes políticos – democracia liberal, socialdemocracia, fascismo e ditadura tradicional – na Europa entre as guerras, ver Luebbert (1991).
[46] Ver Díaz-Alejandro (1980, 1981).

No entanto, os maiores países e/ou os recém-modernizados – primeiro, hesitando e, depois, com maior determinação – embarcaram em um caminho completamente diferente: abandonaram a ortodoxia do livre mercado e a promoção da ISI. Em um sentido, o México e os países do Cone Sul replicaram, em menor escala, o caminho seguido pela maioria das economias desenvolvidas do Atlântico Norte até, pelo menos, o final da Primeira Guerra Mundial: políticas econômicas não-ortodoxas, desintegração parcial no sistema internacional e crescimento orientado para dentro. De acordo com Díaz-Alejandro, a estratégia de "desintegração da economia mundial em desintegração" era claramente superior ao caminho alternativo de persistir na completa integração à economia mundial. Também se fazia evidente, como Díaz-Alejandro sugere, que a estratégia de desligar-se requeria um grau de soberania nacional que estava praticamente ausente em grande parte dos países da América Latina.[47]

Entretanto, no decorrer do período seguinte – *grosso modo*, de 1945 até 1970 –, emerge uma bifurcação. Os países industrializados se direcionam para a abertura de suas economias e o seu engajamento no competitivo comércio mundial. Mesmo que fosse parcial ou incompleta, essa mudança representa ainda um nítido contraste com a maioria dos países da América Latina, que mantinham suas economias fechadas e ligadas à lógica da ISI. Assim, nas décadas subseqüentes à Segunda Guerra Mundial, o modelo de desenvolvimento latino-americano se afastou ainda mais da tendência mundial predominante.

O mais importante resultado da Segunda Guerra Mundial foi a emergência de uma nova ordem política e econômica internacional. As estruturas internacionais informais tinham se desorganizado muitas décadas antes de 1914. Depois de 1945, a economia política do sistema capitalista se deslocou em direção à institucionalização das regras nos níveis internacionais e à maior uniformização das fórmulas políticas em nível local. Esse processo envolveu várias e importantes transformações, entre as quais destacaremos cinco brevemente.

Em primeiro lugar, os Estados Unidos se mostraram mais dispostos a ser o centro econômico e político do sistema capitalista mundial. A competição geopolítica e econômica com o bloco socialista, liderado pela União Soviética, foi um dos aspectos centrais da hegemonia norte-americana. Devido ao empate da guerra fria na Europa, as regiões semiperiféricas, como a América Latina, se transformaram em campos de batalha abertos entre as duas superpotências. Desse modo, a região ganhou importância geopolítica, a qual, na prática, representava o revés de sua importância declinante no sistema econômico internacional.

Em segundo lugar, a maioria dos governos dos países europeus ocidentais e da América do Norte adquiriu uma fórmula política relativamente uniforme, a qual

---

[47] Díaz-Alejandro (1981).

combinava diferentes tipos de Estados de bem-estar keynesianos.[48] Como corolário, a democracia representativa se tornou a característica necessária para entrar no clube dos países do Primeiro Mundo.

Em terceiro lugar, no final dos anos 1940 e começo dos anos 1950, a reorganização e o renovado dinamismo da economia mundial se baseavam na reconstrução dos mercados de capital. Financiados pelos Estados Unidos, o Plano Marshall e, mais tarde, o Banco Internacional de Reconstrução e Desenvolvimento (Bird ou Banco Mundial) desempenharam inicialmente importantes funções. Gradualmente, os países europeus ocidentais e o Japão aumentaram sua importância na economia mundial. Em 1945, a criação do Fundo Monetário Internacional permitiu a emergência de um sistema monetário estável, ancorado em taxas de juros fixas nas maiores economias capitalistas. Finalmente, houve uma forte e mantida revitalização do comércio mundial no contexto do sistema multilateral liberal, além do estabelecimento, em 1974, do Acordo Geral sobre Tarifas e Comércio (Gatt).[49]

Em quarto lugar, o sistema econômico internacional anterior a 1939 foi um mosaico de unidades autárquicas intensamente competitivas. Depois do término da guerra, as estratégias autárquicas não foram abandonadas, apesar de terem sido suavizadas. Assim, mesmo mantendo os mecanismos e os atores locais com o objetivo de alcançar o crescimento para dentro, como é o caso das empresas industriais de manufaturas, bancos, agricultores e assalariados, estes foram parcialmente insulados da competição internacional. Mas, no todo, é clara a existência de uma estrutura de comércio muito mais liberalizada.

Em quinto lugar, os países latino-americanos se transformaram, cada vez mais, em atores marginais dentro da nova economia política do sistema capitalista. Isso se vê claramente refletido em seu papel quase insignificante na reconstrução das organizações internacionais. A participação da região no comércio mundial decresceu, os países latino-americanos foram excluídos dos mercados de capitais privados e suas moedas ficaram irrelevantes dentro do novo equilíbrio monetário internacional.

A perseverança das estratégias autárquicas e o aprofundamento do modelo de ISI no Brasil, no México e no Cone Sul – países nos quais a matriz sociopolítica estatal-nacional-popular emergiu com maior evidência – tiveram efeito exemplar em outros países da região que tinham persistido em seu tradicional papel de exportadores de

---

[48] Para uma análise dos três diferentes modelos de regimes de bem-estar nos países de capitalismo avançado durante o período de pós-guerra, ver Esping-Andersen (1990); para uma análise mais recente, ver Huber e Stephens (2001).

[49] Ver Milner (1997), para uma explicação detalhada dos processos de negociação que conduziram à criação do Fundo Monetário Internacional e ao fracasso na implementação de um acordo em torno da Organização Internacional do Comércio.

matérias-primas e importadores de produtos manufaturados durante os anos entre as guerras. Começando no final dos anos 1940, isso foi especialmente notório na Colômbia, Peru e Venezuela, onde o tamanho do mercado interno era comparativamente maior do que na América Central e Caribe. Por sua vez, durante os anos 1950, um número crescente de empresas transnacionais européias e norte-americanas desenvolveu, na América Latina, uma estratégia diferente daquela empregada nos países onde suas matrizes estavam localizadas. Começaram a abrir fábricas nos maiores países da região, com a finalidade de enganar as barreiras protecionistas criadas depois da Depressão e, então, canalizaram sua produção para o mercado local de cada país. Essa estratégia intensificou os efeitos negativos que a ISI teve na competitividade e na eficiência comparativa das economias latino-americanas.[50] Finalmente, como vimos no capítulo 2, o auge da ideologia prática, conhecida como desenvolvimentismo e *desarrollismo* em espanhol, potencializou o aprofundamento da ISI e sua expansão para outros países, concedendo-lhe legitimidade teórica e política.[51]

Um renovado processo de crescente desorganização do sistema econômico internacional teve início na década de 1970. No final dessa década, os principais países da América Latina levavam a cabo políticas não condizentes com as forças políticas mais poderosas do capitalismo mundial. A postura latino-americana mostrava-se cada vez menos viável e entrou em decadência no momento em que os países da região iniciavam um longo e penoso processo de maior reinserção na economia mundial. A percepção da necessidade dessa reinserção se tornou, então, ainda mais nítida nos anos 1990, em decorrência das transformações políticas internacionais posteriores à queda da União Soviética, da percepção da impossibilidade de um modelo socialista de Estado e das transformações na produção, comércio e finanças induzidas por outros processos globalizantes.

Isso significa que a América Latina começou a se aproximar mais das tendências contemporâneas dominantes na economia mundial, como o fez em certos períodos anteriores. A persistência dos problemas nas políticas econômicas e os traumáticos ajustes sociais na região decorrem, em parte, da tentativa latino-americana de voltar a alinhar-se aos padrões internacionais dominantes, sem, no entanto, afastar-se dos incentivos e apoios herdados do passado. Assim, ainda é cedo para saber se uma maior integração no mercado mundial será o pano de fundo de um bem-sucedido modelo de desenvolvimento e de uma nova MSP – como ocorreu, em alguns países da região, com a matriz sociopolítica estatal-nacional-popular durante o período anterior.

---

[50] Fanelli, Frenkel e Rozenwurcel (1990).
[51] Ver Cavarozzi (1982:166-171).

Entretanto, o deslocamento do modelo de desenvolvimento da autarquia para o da globalização não é neutro para a sociedade de uma nação nem surpreende que tenha sido identificado em termos de desintegração, deslocamento, destruição e decadência. A população prejudicada – pelo menos, a curto prazo – é a maioria daqueles que vivem na região, como é o caso dos trabalhadores de baixos salários e de menor capacitação, trabalhadores rurais dos setores de subsistência ou de exportações tradicionais, consumidores lesados pela desvalorização e pela queda nos níveis de vida, e empresas sem capacidade para competir nos crescentes mercados abertos. Entre os beneficiários, estão os exportadores, em especial aqueles que podem adicionar valor agregado aos seus produtos locais, financistas com acesso à moeda local e à moeda forte, investidores das indústrias estatais privatizadas e "saneadas", trabalhadores altamente capacitados, jovens administradores dos setores competitivos internacionais e fornecedores de serviços ligados a empresas internacionais, como advogados, contadores, consultores, capacitadores e engenheiros. Enquanto a habilidade do Estado em definir e defender os interesses econômicos nacionais é mínima, as demandas de programas sociais direcionados aos setores marginalizados ou àqueles incapazes de competir na economia global aumentam.

Nesse contexto, a região agora enfrenta a necessidade de construir um novo modelo de desenvolvimento em um sentido mais amplo, que integre não somente os elementos econômicos, como também os políticos, culturais e sociais. A matriz sociopolítica não se define pelo seu modelo de desenvolvimento, mas um modelo de desenvolvimento pode promover as condições necessárias para que surjam afinidades eletivas entre os componentes da MSP, bem como servir de força legitimizadora. O próximo capítulo se concentrará em como a globalização e os fatores e as forças nacionais têm interagido no sentido de pressionar para uma mudança nas dimensões política, social e cultural, da mesma forma que nas tensões inéditas e nas ainda não concretizadas possibilidades para uma nova articulação da nova matriz sociopolítica.

4

Desafios políticos, sociais e culturais

As transformações geradas pelas forças da globalização econômica são cruciais para a compreensão dos problemas que os países da região enfrentam atualmente. Contudo, não são as únicas transformações que afetam a região nem são elas imunes aos desenvolvimentos que ocorrem nas esferas política, social e cultural. A multiplicidade dessas mudanças e suas interconexões causais são um desafio para a ciência política contemporânea e suas categorias analíticas. O conceito de matriz sociopolítica ajuda a guiar a análise e a compreensão dessas sociedades no período contemporâneo.

Como foi descrito anteriormente, os efeitos da globalização econômica e as respostas a ela têm gerado pressões dentro da região em direção a uma mudança drástica do modelo de desenvolvimento, concebido especificamente mais em sentido econômico, do que em sentido holístico.[52] Essa mudança está inserida no deslocamento do modelo "orientado para dentro" para novas e diversas formas de inserção na economia internacional, mencionadas anteriormente, e, também, nas inovadoras relações entre o Estado e a sociedade. O modelo de desenvolvimento anterior estava centrado no desenvolvimento local de uma sociedade industrial, em que as classes sociais se tornam "aliadas do desenvolvimento" ao redor do Estado nacional proativo, mobilizante e "agente do desenvolvimento".[53] Contudo, sob o impacto da globalização, o Estado tendeu a perder seu papel hegemônico como agente do desenvolvimento. O Estado passou a dividir esse papel com o mercado e o setor privado, no qual os grupos de líderes empresariais buscam, em vários países e pela primeira vez desde a década de 1930, se transformar em classe governante.

O novo modelo de desenvolvimento que está surgindo gira ao redor das forças de mercado transnacionais como seu eixo principal, que reduzem o escopo de ação dos atores nacionais tradicionais e a capacidade de intervenção do Estado. As questões fundamentais desse novo contexto não são simples nem ingênuas – como no caso de liberar mercados ou realizar as privatizações. Na verdade, os desafios são exatamente o oposto: como é possível ampliar a autonomia dos atores nacionais e do Estado nas sociedades atravessadas por poderosas influências externas? Como se pode recupe-

---

[52] Sobre economias de mercado, o "Consenso de Washington" e o modelo econômico neoliberal, ver Cordes (1987), Williamson (1990), Dornbrusch (1991), Williamson (1993), Bello (1994), Smith et al. (1994a, 1994b), Schydlowsky (1995) e Berry (1998).
[53] Touraine (1964).

rar, no novo regime, a noção de sociedade nacional – ou multinacional nos países multiétnicos?

Para entender os processos de desenvolvimento de forma mais profunda, seria um erro pensar que tudo se pode reduzir às fórmulas ou mecanismos de acumulação. Acumulação não é equivalente a desenvolvimento; é apenas um de seus componentes. A experiência das economias da Ásia oriental – as quais entraram em severas crises econômicas em 1997, a princípio por causa de seu sistema financeiro – demonstra o quanto os modelos de desenvolvimento – inclusive os capitalistas – podem se diferenciar de uma economia aberta. Em muitos sentidos, mesmo que o velho modelo tenha sido plenamente abandonado, a América Latina não tem enfrentado o seu futuro de forma consciente e está longe de definir um novo e efetivo modelo de desenvolvimento.

O tão mencionado ajuste estrutural nas várias partes do mundo desempenhou um papel central no rompimento com o modelo anterior de desenvolvimento. O tempo tem demonstrado que, por trás dos ajustes, estão aquelas três diferentes dimensões. A primeira diz respeito a um conjunto de medidas destinadas à resolução de uma crise imediata, como a dívida externa, a inflação e o déficit fiscal, que são sintomas de problemas de longo alcance, decorrentes da perda de dinamismo econômico. A segunda corresponde ao mecanismo pelo qual ocorre o rompimento com o antigo modelo e a transição, de médio ou longo alcance, de um modelo a outro. O resultado final é tornar a esfera econômica cada vez mais independente da esfera política, mesmo que o processo de transição seja controlado por atores políticos. A terceira concerne à dimensão ideológica, que eleva as medidas instrumentais de curto prazo acima das aspirações de um mero mecanismo de ajuste ou, inclusive, de um modelo de desenvolvimento, até a definição extrema de uma sociedade desejável e transforma o mercado em seu único paradigma. O neoliberalismo tem buscado preencher esse papel ideológico.

O pensamento neoliberal e sua prática têm sido associados aos ajustes estruturais de liberalização comercial e privatização, que, por sua vez, têm sido identificados com um modelo de sociedade perdurável. A maioria dos observadores, com exceção dos defensores fanáticos do neoliberalismo, reconhece que essas teorias e práticas não cumpriram suas promessas.[54] Tal fato não significa que os ajustes não tenham sido estritamente necessários em determinadas ocasiões da história econômica, como no caso da ruptura da matriz sociopolítica estatal-nacional-popular do século XX na América Latina. Os ajustes estruturais devem resolver muitos problemas de curto prazo na região, preparar o caminho para o crescimento sustentável e contribuir para maior separação entre a economia e a política. Entretanto, em muitos países,

---

[54] Veltmeyer e Petras (1997) destacam esse ponto. Ver, também, Dietz (1995) e Borón (1995).

essas medidas técnicas foram entendidas como modelos definitivos, levando ao aumento dos níveis absolutos de pobreza, ao desequilíbrio na distribuição da renda e minando a capacidade de ação do Estado e dos atores sociais, o que, em última instância, é o quesito básico para um modelo de desenvolvimento perdurável. As novas relações entre o Estado e os atores políticos e sociais estão longe de serem evidentes e não podem ser definidas simplesmente pelas políticas de ajuste ou pela ideologia neoliberal.

O que está claro é que o nexo entre a globalização e as tendências e processos internos têm feito emergir não só os novos caminhos econômicos antes discutidos, mas também têm estimulado novas realidades políticas, sociais e culturais cruciais para entender as tensões e contradições que o novo e efetivo modelo de desenvolvimento em potencial e a nova matriz sociopolítica terão de enfrentar para que ambos sejam mais viáveis economicamente, politicamente democráticos, socialmente progressivos e genuinamente culturais.[55] Se o crescimento econômico tem experimentado drásticas mudanças, o mesmo ocorre com as tendências sociais e políticas e a compreensão da modernidade, o que ajuda a definir o desenvolvimento. A compreensão dessas mudanças no presente e o entendimento de como é sua interação representam um desafio para os cientistas sociais que buscam construir previsões e categorias explicativas apropriadas.

Democratização política

Influenciada pelas pressões e correntes de pensamento internacionais, assim como pelos processos e respostas nacionais, a construção dos variados tipos de democracias políticas se tornou a questão política central dos anos 1980 e permaneceu como tal na década seguinte.[56] As nações se esforçavam para estabelecer um núcleo de instituições democráticas para suprir as necessidades básicas dos regimes: formas de governo, definições de cidadania e instituições que canalizassem as demandas e resolvessem os conflitos sociais.

A emergência ou, em alguns países, a reemergência da democracia política na região era também associada às crises econômicas que, em muitos casos, tinham erodido as bases fiscais do Estado. Em várias nações, tais crises abriram caminho para as privatizações das empresas estatais, enquanto debilitavam profundamente a

---

[55] Exemplos podem ser encontrados em Smith e Korzeniewicz (1997).

[56] É ampla a literatura que discute a democracia e a democratização. Entre outros, ver Rustow (1970), Dahl (1971), Huntington (1984), O'Donnell, Schmitter e Whitehead (1986), Diamond, Hartlyn, Linz e Lipset (1999) e Karl (1990).

capacidade do Estado em satisfazer funções básicas. Como conseqüência, o estatismo básico se deteriorou de maneira drástica em muitos países e – quando combinado com as conseqüências da globalização econômica discutidas anteriormente – significou que as atividades políticas desenvolvidas nas instituições estatais diminuíram e se tornaram menos relevantes.[57]

A partir da metade dos anos 1990, a democracia política predominava na América Latina em um grau sem precedentes históricos. O número de países que cumpriam o critério básico, se não minimalista, de serem governados sob eleições democráticas, era maior do que em outros períodos históricos. Entretanto, desde as transições da década passada, algumas dessas democracias experimentaram declínios e outras oscilações em relação ao grau em que respeitam os direitos civis fundamentais ou mesmo as liberdades políticas e, por sua vez, também ocorreram degradações na qualidade da representação política. Ainda estão presentes perguntas profundas a respeito do tipo de democracia que se estabeleceu e em relação à capacidade destes regimes para governar de forma eficaz e promover crescimento econômico e eqüidade social.[58]

É útil começar pela distinção dos diferentes tipos de democratização política. Os analistas deveriam evitar cair na armadilha de concluir que a América Latina está simplesmente experimentando uma "terceira onda" de democratização. Essa afirmação é uma generalização que esconde importantes diferenças entre situações históricas diversas.[59] Já se constatou que alguns processos contemporâneos de democratização correspondem a características de períodos históricos passados e que todos estão afetados, pelo menos em certo grau, por forças e tendências internacionais. No entanto, praticamente todas as transições democráticas recentes responderam principalmente a atores e características locais.

Desde os anos 1980, a América Latina testemunhou três tipos de democratização política.[60] O primeiro, "fundacional", tem sua origem no sistema patrimonial ou oligárquico prolongado, que emerge, em geral, das lutas populares ou das classes opostas às ditaduras militares tradicionais e é precipitado por revoluções ou guerras civis. Esse processo de democratização é fundacional no sentido de que a democracia, apesar de frágil e imperfeita, é o primeiro exemplo nessas sociedades de um sistema razoavelmente sustentável e, em alguns casos históricos, baseado em ampla participação popular e instituições representativas. A democratização fundacional ocorreu em vários países da América Central (El Salvador e Nicarágua); com carac-

---

[57] Ver Cavarozzi (1994).
[58] Ver Hartlyn (1997)
[59] Huntington (1991). Ver, também, Tulchin e Garland (1997).
[60] Garretón (1995b).

terísticas históricas mais complexas, na Guatemala e, particularmente, em Honduras; por fim, de alguma forma, com diferentes trajetórias, na República Dominicana e no Paraguai. É usual que, nesse processo, exista uma função significativa para os atores internacionais e de mediação internacional.

O segundo tipo, o "transicional", emerge em sociedades governadas por modernos regimes autoritários, nos quais anteriormente existiam democracias e agora retornam a esse regime uma vez mais. Aplica-se aos países com regimes militares institucionalizados, denominados, por vários autores, de burocráticos autoritários, novos autoritarismos, fundacional reativo ou Estados de segurança nacional. Neste livro, serão denominadas democracias em transição, porque não são acompanhadas por revoluções ou amplas insurreições. Contudo, esses regimes são o resultado de vários tipos de acordos ou de pactos entre a oposição democrática e os detentores do poder autoritário, com a finalidade de restaurar as regras democráticas e, eventualmente, devolver o governo aos civis.[61] Nesse tipo de regime, as negociações têm extensa função, já que as forças armadas retêm graus diversos de controle sobre o processo e buscam defender determinadas prerrogativas e sua impunidade pela violação dos direitos humanos durante os anos em que estiveram no poder. Sua descrição se adapta mais aos países sul-americanos – Argentina, Chile e Uruguai – e ao Brasil, mas também se aplica aos casos da Bolívia e Peru nos anos 1980 e 1990.

Um terceiro tipo de democratização política, a "reforma democratizante", descreve as democracias constritas ou sistemas semi-autoritários governados por civis. Ao invés de caracterizar-se por uma mudança formal de regime ou por "inauguração" democrática, esse processo representa a ampliação dos princípios e procedimentos democráticos. Uma transformação institucional é efetuada em um ou em todos os seguintes aspectos: incorporação no jogo democrático dos grupos excluídos, configuração de um sistema multipartidário e/ou abertura às expressões da vontade popular. O México é o melhor exemplo desse tipo de democratização política, assim como a tentativa colombiana no começo dos anos 1990.

Em relação ao que tem sido chamado de consolidação democrática, o panorama conceitual é complexo, pois a maioria dos processos de democratização política permanece incompleta, apesar de consolidada: eles se encontram incompletos porque não contam com mecanismos de plena representação e garantias democráticas; e consolidados porque é difícil prever um retorno autoritário.[62] E, em caso de retorno ao

---

[61] Em relação às transições democráticas, ver O'Donnell et al. (1986), Garretón (1989), Heper (1991), Bermeo (1992), Casper e Taylor (1996), Linz e Stepan (1996).

[62] A respeito da consolidação democrática, ver Valenzuela (1990), Higley e Gunther (1992), Mainwaring, O'Donnell e Valenzuela (1992), Garretón (1995b), Linz (1996), Linz e Stepan (1996), Schedler (1998) e Hartlyn (2002).

autoritarismo, será mais o resultado de nova crise do que das maquinações dos velhos atores autoritários. Muitos dos graves acontecimentos das últimas duas décadas, como as significativas rebeliões militares na Argentina e Venezuela, e as renúncias presidenciais forçadas no Brasil, Peru, Venezuela, Equador, Bolívia e Argentina, não levaram a golpes de Estado, o que poderia ter sido o resultado esperado em períodos anteriores.[63]

Mesmo que um dos três tipos de democratização política – fundacional, transicional ou reforma democratizante – possa definir a natureza básica da democratização em qualquer país, os elementos dos três tipos estão geralmente presentes em cada caso. Embora os casos da Argentina e da Bolívia possam ser caracterizados como transições, esses países também possuem as dimensões fundacionais, na medida em que põem um fim às formas híbridas de autoritarismo e democracia, ou às idas e vindas entre as duas. O caso paraguaio combina as dimensões fundacional e transicional ao deixar para trás várias décadas de autoritarismo. Se, por sua vez, o Uruguai se aproxima de uma transição pura, o Chile é exemplo de uma transição incompleta seguida por um processo de reforma, que ainda está em curso. O Peru atravessou uma típica transição entre 1975 e 1980, retornando ao autoritarismo em 1993, por um processo de distensão e posterior regressão até a reforma em 2000/01. A Colômbia iniciou um processo de reforma no começo dos anos 1990, que foi acompanhado por ações violentas e pela decomposição do Estado e, agora, concentra dimensões de democratização fundacional.

A democratização fundacional ocorre, em geral, logo após extensa violência ou após longo período ditatorial. Como libera a expressão política censurada há décadas, está associada naturalmente a mudanças bruscas nas esferas sociais – cultural, econômica e ideológica. No entanto, as transições e reformas não acarretam necessariamente a confluência de descontinuidades nas outras esferas. São transformações meramente políticas que podem influenciar as esferas socioeconômicas, culturais e internacionais relativamente autônomas. As transições e reformas democratizantes tampouco são a mera consagração da economia de mercado, como acreditam alguns analistas dos regimes pós-comunistas ou ideólogos que proclamam o "fim da história". A democratização contemporânea na América Latina parece estar associada a transformações na matriz sociopolítica.

As transições surgem como reação contra um tipo particular de autoritarismo militar. A característica principal desses regimes é o fato de as instituições militares assumirem o poder político. Os militares e seus aliados lideraram uma forte reação e severa repressão contra a matriz sociopolítica estatal-nacional-popular prevalecente, na tentativa de neutralizar as mobilizações sociais como forças políticas e apoiar a

---

[63] Ver vários capítulos de Pion-Berlin (2001).

recuperação do capitalismo e sua reinserção na economia mundial. O resultado foi que, embora tivessem êxito no desmantelamento dos atores mobilizados politicamente ou dos setores sociais rebelados, esses regimes falharam na erradicação dos atores políticos residuais do antigo sistema democrático e, com exceção do caso chileno, em gerar um novo modelo econômico. Assim, mais do que fazer emergir uma nova MSP, seu principal ganho foi a desarticulação da MSP estatal-nacional-popular.

Dois fatores coincidiram com o processo de transição. O primeiro foi a inabilidade dos ditadores militares em gerar um regime permanente e legítimo, o que os levou a apelar para "mecanismos democráticos" a fim de alcançar legitimidade. Dessa forma, não só anunciaram o triunfante cumprimento de sua missão, como também reconheceram – pelo menos, para si mesmos – seu fracasso e procuraram manter o maior número de prerrogativas possíveis sob as reemergentes formas democráticas. O segundo foi a contribuição, em todos os casos, da mobilização política e social no processo de abertura coordenado pelas elites. Essas transições foram sempre precedidas de negociações e mobilizações,[64] e se caracterizaram por uma luta cerrada de forças políticas, estratégias e traições, levada a cabo na esteira institucional e que terminaria no final ou na continuidade do regime.[65]

Nesses casos, os militares nunca foram derrotados localmente enquanto instituição, apesar de que, na Argentina, os militares foram derrotados a partir do exterior. Em alguns casos, o poder militar sofreu uma reversão interna, como no Peru, e, em todos os casos, o poder militar perdeu força durante os anos de governo e acabou ficando mais enfraquecido do que no período logo após o golpe. A relativa força política dos militares ao deixar o poder determinou, até certo ponto, o quanto poderia restringir as instituições democráticas que se seguiram, como, por exemplo, na sua capacidade para impedir a punição dos delitos por eles cometidos no regime militar.

Como conseqüência, no final da transição, nenhum desses países era capaz de alcançar um total controle civil e democrático sobre os militares, os quais, em maior grau – como no Chile – ou em menor grau – como na Argentina –, estabeleceram

---

[64] O'Donnell et al. (1986).

[65] Nos casos do Brasil e do Chile, o contexto institucional onde se travou essa luta foi criado pelo próprio regime, mas os militares brasileiros mudavam periodicamente as regras do jogo, por meio dos chamados atos institucionais. No Peru e na Argentina, o contexto era remanescente dos regimes civis anteriores. No Chile, a ditadura de Pinochet criou sua própria Constituição, o que tornou mais complexas as negociações e ampliou a margem de ação dos militares. Na Argentina, o mecanismo institucional para a transição já estava formalizado na Constituição existente e a discussão só se concentrou nas datas e procedimentos. No Peru, durante a última etapa do regime militar, os regulamentos foram escritos praticamente por civis, conformando a nova Constituição.

mecanismos ou "entraves autoritários".[66] Os desafios enfrentados em geral pelos novos governos democráticos surgem, justamente, da necessidade de ultrapassar esses mecanismos ou entraves, de modo a reduzir as possibilidades de um retorno autoritário e manter a aliança de forças democráticas, que, naturalmente, podem tender a se dividir e se fragmentar em face de uma disputa eleitoral. Além das diversas opiniões a respeito de como lidar com o fracasso na punição às violações dos direitos humanos pelos militares, existem outros assuntos que dividem a aliança: a definição de modernização e de democratização social; até que ponto levar o ajuste estrutural e as reformas econômicas; e quem pagará os custos da redução das desigualdades sociais. Cada uma dessas questões levanta opções políticas diferentes e, às vezes, contraditórias.

A fundação democrática e as reformas compartilham algumas das características das transições democráticas. O fato de as fundações ocorrerem durante revoluções ou guerras civis faz que seja conflituosa a passagem para um sistema de governo no qual tanto os que estão no poder como na oposição se respeitem mutuamente como adversários, e não como inimigos. O contexto em que surgiu a democracia fundacional na América Central se caracterizou por prolongadas guerras civis e por negociações entre as duas partes, que, na maioria das vezes, requereram mediação externa, incluindo, pela primeira vez desde sua criação, a das Nações Unidas.[67] A construção de formas democráticas de governo é extremamente lenta. O regime revolucionário ou o governo eleito pela primeira vez após uma guerra civil desempenha o papel de governo de transição, o que não é o mesmo que um governo em transição democrática. O regime revolucionário e/ou de ex-combatentes precisa passar por uma complexa e dolorosa metamorfose para se transformar em partidos políticos democráticos que farão parte do governo ou da oposição e que seguirão novas regras, as quais requerem compromisso e tolerância. Nicarágua, El Salvador e Guatemala, após seus respectivos períodos de paz, são casos ilustrativos.

As reformas democráticas implementadas pelo regime e pelo(s) partido(s) dominante(s) no poder implicam esforços para manter a continuidade política e institucional. Os atores políticos dominantes buscam administrar as mudanças de modo a não perder o poder pela via das reformas eleitorais e políticas. Um dos resultados é que as transformações estruturais derivadas de mudanças sociais de longo prazo ou de ajustes estruturais ou crises de curto prazo – impulsionadas por outros fatores, como o tráfico de drogas – não entram na mesma sintonia do sistema políti-

---

[66] Podem ser institucionais (na forma de Constituição ou leis); simbólicos e éticos (verdade e justiça em relação às violações dos direitos humanos sob o regime militar); com base em atores (resistências civis ou militares contra os procedimentos democráticos) e culturais (valores, estilos, condutas). Ver Garretón (1995b).

[67] Ver Montgomery (2000).

co. Esse choque ou essa falta de sincronia aprofunda a crise do governo e não promove respostas fáceis. O caso mexicano parece estar se direcionando para um resultado mais feliz após a derrota do PRI, primeiro nas eleições legislativas e, depois, nas presidenciais, e da relativa bem-sucedida administração de Fox no manejo dos vários desafios enfrentados pelo país. Em contraste, o caso colombiano permanece ainda indeterminado.[68]

Em geral, os processos associados a novas democracias e ao término de regimes formalmente autoritários ou militares foram paralelos à implementação de reformas. Embora seja improvável uma nova onda de ditaduras militares, esses processos de democratização política, apesar de diferentes, têm resultado em democracias incompletas com aspectos autoritários, instituições não-representativas, desconfiança dos atores sociais no que diz respeito a democracias e aos estigmas éticos, como a falta de resolução para as questões das violações dos direitos humanos realizadas pelos governos militares. Em alguns casos, ocorreram retrocessos: o autogolpe do presidente peruano Alberto Fujimori, em 1992, e sua reeleição fraudulenta no ano 2000 são exemplos significativos, apesar de sua curta duração. Em outros casos, os países adotaram fórmulas instáveis, ou uma "situação", nas palavras de Juan Linz, que combina tanto elementos autoritários como democráticos.[69]

Entretanto, à diferença do mais recente, menos completo e mais efêmero "momento democrático" no continente, no final da década de 1950 e começo da de 1960, atualmente não há nenhum modelo ideológico internacional alternativo para a democracia. De mais a mais, hoje em dia existem organizações internacionais e forças sociais que promovem a democracia, o que não existia ou exercia menos influência três décadas atrás. Ideologicamente, não há outro modelo de governo na América Latina que possa competir com a democracia. O fundamentalismo islâmico carece de suficientes seguidores para ser viável e o outro possível competidor – construído com base em uma variação local do autoritarismo asiático – carece também de representantes culturais fundamentais ou de bases sociais e perdeu viabilidade ao se defrontar com as crises econômicas ocorridas na região a partir de 1997. A Revolução Cubana – que teve profundo impacto nos atores de todo o espectro ideológico e inspirou ou fortaleceu movimentos de guerrilha, doutrinas contra-revolucionárias e impulsos reformistas, principalmente nos anos 1970 – não representa mais um modelo para a região.[70] Com o final da guerra fria, tanto as políticas antide-

---

[68] Ver Bagley e Walker III (1994), Joyce e Malamud (1997), Levy e Bruhn (1999), Hartlyn e Dugas (1999).

[69] Linz (1973).

[70] Neste livro, deixamos de lado o caso cubano, por corresponder a uma MSP diferente daquela predominante no resto da região. Contraditoriamente, nenhum dos fenômenos analisados na matriz estatal-nacional-popular estatizante pode ser compreendido sem considerar a influência do caso cubano no que concerne às reações e contra-reações que este tem provocado no continente.

mocráticas unilaterais, como o que foi ocasionalmente a diplomacia norte-americana bilateral, quanto elementos de inteligência e de segurança que executavam políticas duras de forma independente dos diplomatas civis passaram a buscar consenso em torno da promoção da democracia, entendida principalmente em termos eleitorais e de livre mercado.[71] Graças à cláusula democrática incorporada ao Mercosul, após os esforços bem-sucedidos da Argentina e do Brasil, entre outros países, para evitar a tentativa de golpe no Paraguai em 1996, os governos do Brasil e da Argentina voltaram a ter papel importante na prevenção de uma intervenção militar depois da renúncia do presidente Raúl Cubas, do Paraguai, em 1999. A Organização dos Estados Americanos (OEA) também tem caminhado em direção ao estabelecimento de uma estrutura multilateral que defenda a democracia política no hemisfério. Um tímido passo foi a aprovação da Resolução nº 1.080, em 1991, que foi utilizada quatro vezes durante os anos 1990 – no Haiti, em 1991; no Peru, em 1992; na Guatemala, em 1993; e, no Paraguai, em 1996. Tal passo foi seguido por medidas mais fortes, que incluem a aprovação da Carta Democrática de Lima, assinada no Peru no dia 11 de setembro de 2001. Essa carta define os elementos básicos da democracia e estabelece os procedimentos que devem ser seguidos pela OEA não somente nos casos em que a democracia é interrompida, mas também quando se percebe um sério risco.

Além das ações dos Estados e das organizações intergovernamentais, têm emergido novos movimentos sociais transnacionais e, às vezes, densas redes de organizações não-governamentais (ONGs) nacionais e internacionais interligadas, as quais apóiam os movimentos sociais que lutam pela democracia, pelos direitos humanos ou pela ampliação dos direitos democráticos e civis.[72] Um indicador poderia ser as fortes redes internacionais de defesa dos direitos humanos, como aquelas que levaram à prisão do general chileno Augusto Pinochet na Inglaterra. Outras seriam as importantes reuniões organizadas pelas Nações Unidas (ONU) – sobre os direitos da mulher, meio ambiente, educação, direitos humanos e políticas sociais –, que contaram com a ampla participação complementar de organizações da sociedade civil.

Como foi discutido no capítulo anterior, outros tipos de mudanças econômicas foram menos benéficas para a democracia. As políticas de atração de fluxos de capital de curto prazo servem para financiar os déficits orçamentários e comerciais e, ao mesmo tempo, exercem pressões deflacionárias sobre os produtores locais. Essas políticas são funcionais quando o governo pode diminuir, com decisão, a estrutura do Estado e eliminar virtualmente o déficit fiscal. Contudo, quando aumentam as dife-

---

[71] Lowenthal (1991). As medidas ambíguas adotadas por George W. Bush horas depois do falido golpe de Estado na Venezuela contra o presidente Hugo Cháves, em abril de 2002, evidenciam a contínua fragilidade até mesmo desse limitado consenso.

[72] Ver Keck e Sikkink (1998); Risse, Ropp e Sikkink (1999).

renças de renda ou as políticas, são implementadas de forma imperfeita e os custos para as instituições democráticas podem ser insustentáveis. Um exemplo é o caso da Argentina sob o mandato do ex-presidente Carlos Saúl Menem e após a crise que levou à renúncia prematura de seu sucessor, presidente Fernando de la Rua. Como está perfeitamente demonstrado nos casos do México e do Brasil nos anos 1990, a dependência dos empréstimos de curto prazo pode ser desastrosa no momento em que os investidores perdem a confiança no regime político ou em sua habilidade na administração da economia estatal. Os transtornos financeiros posteriores não levam a novos regimes autoritários, mas reforçam o ceticismo popular em relação às novas democracias. As estratégias de desenvolvimento orientadas para a exportação podem ocasionar a fragmentação, ao invés da integração, das economias nacionais, quando a integração transnacional emerge da especialização geográfica e do fornecimento global. As antigas políticas de ISI estabeleceram um padrão de distribuição nacional. Com o deslocamento para a IOE, os Estados latino-americanos podem esperar, no melhor dos casos, que o investimento externo seja mais facilitado, ao contrário das suas capacidades de atuação ou de intervenção direta. Dessa forma, os Estados permanecem, em grande parte, à mercê das políticas estatais – por exemplo, o grau e a natureza do protecionismo – dos países consumidores ou importadores.

Em nível internacional, as profundas transformações econômicas que ocorreram em escala global levaram ao enfraquecimento dos Estados latino-americanos e à diminuição da capacidade organizacional de numerosos setores médios e de grupos da classe trabalhadora, enquanto aumentavam o poder e a capacidade de negociação dos conglomerados financeiros globais e nacionais. A debilidade organizacional desses setores populares pode ter ajudado nos processos de transição democrática, uma vez que diminuiu o medo dos poderosos econômicos em relação à polarização e aos possíveis riscos do desafio. Entretanto, o declínio organizacional desses grupos, em conjunto com os crescentes ou permanentes desequilíbrios de renda, resultou em profundas complicações para a estabilidade básica e, é claro, para a qualidade, o aprofundamento e a relevância do governo democrático. Como exemplo, podemos observar a ausência de alianças efetivas entre as organizações da sociedade civil e os grupos econômicos em torno de preocupações comuns, como a melhoria dos níveis educativos, as medidas contra a corrupção, a administração de recursos naturais, a criminalidade, a reforma judiciária e a responsabilidade fiscal.

Em nível nacional, os atores-chave políticos e econômicos preferem a idéia de um governo democrático a um retorno ao regime militar autoritário, com a exceção parcial do apoio das classes médias altas venezuelanas ao golpe militar contra o presidente Hugo Chávez. Essa preferência subsiste, mesmo quando o que se quer expressar ou o que se pode fazer sob o regime democrático está em permanente análise. Os principais desafios diretos que poderiam levar ao rompimento da democracia não têm surgido recentemente dos privilegiados economicamente, com a exceção do caso venezuelano, nem das altas camadas militares, com a exceção do caso paraguaio. Em alguns casos, os cálculos "pró-regime" desses grupos não podem ser isolados do contexto internacional já mencionado – como as pressões internacionais sofridas pelo presidente Jorge Serrano Elias no sentido de evitar um "autogolpe" na Guatemala. A debilidade e a falta de prestígio das instituições políticas centrais e dos atores sociais têm aumentado a capacidade dos líderes civis e dos oficiais militares das camadas médias para apelar ao apoio da população, com o fim de levar a cabo ações antidemocráticas. Alguns exemplos desse caso são os *carapintadas*, unidades de comando lideradas pelos oficiais das camadas médias que se rebelaram entre 1987 e 1990 na Argentina; o autogolpe do presidente Fujimori, em 1992; os *bolivarianos*, membros do Moviniento Revolucionário Bolivariano, liderados pelos tenentes-coronéis Hugo Cháves e Francisco Arias Cárdenas que, no dia 4 de fevereiro de 1992, intentaram um golpe de Estado popular fracassado na Venezuela; e em contexto parcialmente diferente, oficiais militares simpatizantes aos protestos socioeconômicos no Equador, em 1998. Assim, o retorno da política democrática está se impondo em contexto marcado não simplesmente por um visível rompimento com os anteriores regimes autoritários, mas também pela continuidade de padrões históricos cristalizados em muitas sociedades, alguns deles claramente de natureza autoritária.

Os partidos políticos renasceram durante o processo de democratização política e depois de longo período, no qual os militares buscaram seu desmantelamento ou sua redução até se tornarem irrelevantes. Apesar de marcados pelo intervalo autoritário, existem também, em muitos casos, continuidades históricas decorrentes da natureza dos partidos e sistemas partidários da região. Quando as transições foram negociadas, os partidos políticos eram os principais interlocutores do "bloco democrático". Essa tarefa, seguida pela sua função de governar ou de ser oposição nas democracias restauradas, levaram a significativas transformações.[73] Em alguns casos, a classe política passou por um processo de aprendizagem coletivo – em geral, desigual e, às vezes, não muito durável –, em relação a temas como a natureza das ditaduras e os meios necessários para terminar com seu governo institucional. Em outros, a lição a ser aprendida era como se afastar do canibalismo político-partidário e se aproximar de outros grupos políticos em arranjos que, pouco a pouco, iam se configurando como verdadeiros sistemas partidários. Esse desafio foi especialmente notório naqueles países dominados por um partido hegemônico ou por um sistema bipartidário, que não representavam a totalidade da população – Argentina, Uruguai e Paraguai são bons exemplos. Os resultados mais significativos foram a parcial renovação dos partidos existentes, com menor ênfase ideológica; o aumento da interação entre os

---

[73] Cavarozzi (1995).

partidos; e a emergência de novos partidos que completavam o espectro. Nos países onde a classe política não passou pelo processo de aprendizagem, os resultados foram trágicos, pois um importante segmento do espectro político foi praticamente pulverizado. Esses casos abriram maiores possibilidades para um retorno autoritário ou uma decomposição democrática, o que foi evidente no Peru e está se tornando aparente na Venezuela. De mais difícil compreensão, a Argentina, sob a presidência de Menem e, mais profundamente, durante a crise de 2001 e 2002, é exemplo claro de decomposição democrática.

Os desacreditados regimes militares, em ação de retaguarda, abandonaram o governo, buscando manter suas prerrogativas, como os privilégios corporativos e as identidades institucionais. Suas identidades desgastadas não podiam ser recompostas pela recuperação das anteriores missões de defesa do território nacional (no século XIX), pelo desenvolvimentismo militar (nos anos 1930), pela proteção da classe média (nos anos 1950), ou por novo profissionalismo e/ou ideologia de segurança nacional (nos anos 1960 e 1970).[74] Uma convocação para a "defesa nacional" não era particularmente atrativa em um mundo global, onde as ameaças podem ser tanto ambientais como militares.[75] Como o discurso político tem se tornado vazio em relação às novas funções para as forças armadas – além dos vagos apelos à democratização, ao profissionalismo e ao maior envolvimento nas missões internacionais de paz –, o que lhes resta além de promover a segurança individual dos cidadãos contra o crime e combater o tráfico de drogas? Para as sociedades em processos de democratização, parece perigoso entregar essas missões aos militares, no momento em que os novos governos tentam afiançar as liberdades civis e erradicar a corrupção. Uma alternativa positiva é considerar a construção de um exército regional latino-americano, que se concentre na assistência às Nações Unidas em suas missões de paz e em outras áreas de segurança coletiva.[76]

A predominância dos temas econômicos dentro do discurso político – como o livre mercado, a desregulamentação, a liberalização do comércio e a diminuição do Estado – tem, no fundo, implicações para os militares, já que estes são uma das partes do aparelho estatal que se procura recortar. A tendência a despachar forças de paz multinacionais para locais problemáticos no mundo questiona a necessidade de contar com enormes forças militares nacionais que requerem altos recursos. A nova situação também levanta questões a respeito da viabilidade das indústrias militares –

---

[74] A literatura sobre os militares na América Latina é muito extensa. Alguns exemplos são: Pion-Berlin (2001), Huntington (1968), Stepan (1970), Nunn (1976), Lowenthal e Fitch (1986), Stepan (1988), Nunn (1992), Rodríguez (1994), Millet e Gold-Biss (1996), Ramsey (1997), Loveman e Davies Jr. (1996).

[75] Essa temática é discutida no livro de Schoultz, Smith e Varas (1994).

[76] Ver Hunter (1996, principalmente o capítulo V).

que demandam não só um grau mínimo de apoio nacional, como de prioridades no desenvolvimento da tecnologia militar – em um momento no qual as agendas dos cientistas civis da maioria das nações, ávidos por recursos, se concentram mais diretamente na condução do crescimento econômico.

Essas diversas tendências conduziram ocasionalmente a transformações drásticas nas relações entre civis e militares em cada país após a transição democrática, e não tanto a uma evolução suave em direção a maior controle civil.[77] Nem sempre foram efetivos os esforços para gerar maior contato com os civis e mais efetiva vigilância civil dos militares. Em 1990, na Venezuela, e, no Peru, em 1960, o contato com os civis levou os militares a intervir mais, e não menos, na política. O debate sobre o futuro dos militares na América Latina – seu tamanho, controle e recursos – tem sido, em geral, defensivo e cauteloso, ao passo que nem as elites civis nem as militares foram capazes de articular um projeto factível a longo prazo.

Houve diminuição do tradicional medo em relação à intervenção militar na política na forma de golpes ou de ameaça de golpes de Estado. Por sua vez, as prerrogativas militares e a efetiva autonomia das forças armadas continuam sendo muito altas em vários países latino-americanos. Entre as mudanças mais significativas, encontra-se a falta de apoio substantivo para a intervenção militar por parte dos atores internacionais, dos poderosos setores sociais ou do comando militar, os quais em geral dependem das elites econômicas para manter seu *status*. Isso significa que, quando há uma tentativa de golpe, é mais provável que fracasse, como ocorreu na Argentina, no Paraguai e na Venezuela, ou que tenha curta duração, como no Equador. Os apelos à intervenção têm emudecido na ausência de uma "ameaça" perceptível, vinda de uma classe popular militante ou uma oposição armada. Essas situações políticas turbulentas, nas quais a intervenção militar certamente teria ocorrido décadas atrás, mas não atualmente, aumentaram o isolamento e a perplexidade das forças armadas.[78]

No momento em que as transições chegam ao fim, emergem questões a respeito do tipo de democracia que irá surgir na América Latina. Os analistas respondem, focalizando suas formas diversas e, com freqüência, defeituosas, chamando-as de, entre outras coisas, "delegativas", "de baixa intensidade" ou "eleitorais".[79] Essas democracias herdaram sérios problemas dos períodos de transição, apesar de seus desafios contemporâneos poderem ser descritos, hoje em dia, em termos de aprofundamento, relevância e qualidade. O aprofundamento democrático refere-se à ampliação de seus procedimentos e princípios éticos a outras esferas da vida social. A relevância

---

[77] Para uma tipologia das relações cívico-militares, uma análise de suas variações e de seus padrões de movimento em outros países, ver Fitch (1991).

[78] Para uma recente análise sobre os limites da conduta militar, ver Hunter (1997) e Pion-Berlin (1997).

[79] Sobre este ponto, ver O'Donnell (1994a), Weffort (1992) e Diamond (1999). Ver, também, Barba Solano et al. (1991); Barros, Hurtado e Castillo (1991), Collier e Levitsky (1997).

refere-se ao grau em que as principais questões sociais são canalizadas e resolvidas por um regime democrático e pelos seus procedimentos, e não por poderes "de fato" dentro do Estado, como os militares, ou dentro da sociedade. A qualidade democrática fundamenta-se na ampliação da cidadania pela via da participação, da representação e do envolvimento popular nos processos decisórios locais, regionais e nacionais. O futuro das democracias latino-americanas dependerá das respostas dadas a esses desafios no futuro previsível.

Democratização social

A democratização social na América Latina tem sido sempre o princípio ético que conduz à democratização política, mas ambas não devem ser confundidas. Existem três questões fundamentais relacionadas com a democratização social. A primeira envolve a problemática relacionada ao alcance da coesão social ante a exclusão e a fragmentação. A segunda refere-se à ampliação da cidadania e à existência de instituições que possam expressá-la adequadamente. A terceira está relacionada à participação de forma mais ampla.[80]

Atualmente, a coesão social ou integração social está sendo redefinida de modo a dar conta do novo modelo socioeconômico em um sistema mundial globalizado. Os caminhos internacionais mais comuns seguidos pelos países industrializados e pela região latino-americana são a crescente informalidade e a insegurança empregatícia, a desintegração social e o aumento da criminalidade nas maiores regiões urbanas. O impacto dessas tendências é mais intenso nos países latino-americanos, já que estes apresentam níveis gerais mais altos e complexos, compostos por níveis salariais mais baixos e redes de seguridade imperfeitas, além da crise fiscal e da redução dos gastos em bem-estar social.

A vacilante estratégia de crescimento dos anos 1970 conduziu à perda de dinamismo estatal e industrial nos anos 1980, o que alterou profundamente a estratificação e a mobilização social. Essa temática foi a favorita entre os estudos sociológicos da década de 1960, porém as pesquisas recentes apenas começam a nos auxiliar no conhecimento dos efeitos humanos dos processos prolongados de reestruturação e de crises econômicas que se seguiram até os anos 1990.[81] As conseqüências óbvias

---

[80] Algumas das valiosas obras que examinam as tendências recentes em relação à desigualdade social e às respostas sociais são Chalmers et al. (1997), Lustig (1995), Cepal (1992) e United Nations Economic Commission for Latin America and the Caribbean (2000).

[81] Um excelente trabalho é Portes (1995). Ver, também, Psacharopoulos et al. (1997), Inter-American Development Bank (1998), Filgueira (2001) e os volumes anuais recentes da Cepal (*Panorama social de América Latina*).

foram a segmentação e a informalização das instituições sociais, o aumento da precariedade da vida cotidiana e, em vários países, a piora na distribuição de renda e o aumento dos níveis de pobreza.

Na virada do século, a América Latina, como um todo, possui efetivamente maiores desigualdades na distribuição de renda que qualquer outra região no mundo. Historicamente, essas desigualdades têm sido extremamente altas, apesar de apresentarem melhorias modestas no período que antecedeu a crise da dívida de 1982, voltando posteriormente a cair e se deteriorar. Um relatório do Banco Interamericano de Desenvolvimento (BID) mostra que o coeficiente Gini para a região – uma medida de distribuição de renda que tem seu máximo em 1 e seu mínimo em 0 – decresceu em torno de 10 pontos percentuais no período compreendido entre 1970 e 1982 e a percentagem de setores de baixa renda aumentou 10 vezes, enquanto a dos grupos de alta renda permaneceu igual. No entanto, todos os ganhos alcançados foram perdidos no decorrer dos anos 1980, quando o decil superior da região viu aumentar sua cota na distribuição de renda em 10% e o decil mais pobre experimentou queda de 15% em sua parte na distribuição.[82] Depois dos anos 1990, a maioria dos países latino-americanos não apresentou melhorias na distribuição da renda e muitos ainda mostraram piora. Os padrões dos grupos de renda foram marcados por importantes diferenças entre a região. Entretanto, dos 13 países da América Latina que forneceram informações a respeito para os anos de 1990 e 1999, em oito deles houve aumento ainda maior na razão entre o decil superior e os quatro inferiores; em um, permaneceu a mesma; e, em somente quatro, as diferenças mostraram diminuição. No final da década, os 17 países da região com os piores coeficientes Gini (superiores a 0,55) eram Bolívia, Brasil, Chile, Colômbia, Guatemala, Nicarágua, Panamá e Paraguai. Já Uruguai (0,44) e Costa Rica (0,47) possuíam as distribuições mais eqüitativas.[83] Por sua vez, mesmo que as informações referentes à violência e ao crime sejam bem mais limitadas, as estatísticas disponíveis mostram que a América Latina tem uma das mais altas taxas mundiais de crimes, como homicídios, e as pesquisas domiciliares nas maiores cidades confirmam a suposição de que as taxas de vitimização são extraordinariamente altas. Por exemplo, mais de 50% dos lares urbanos na Guatemala e cerca de 40% no México e no Equador disseram ter sido vítimas de algum tipo de crime.[84]

A primeira expressão dessas mudanças é a exclusão, que é mais bem compreendida em termos da clivagem entre aqueles que estão integrados aos atributos materiais e simbólicos da nação e aqueles que se encontram basicamente excluídos e que permanecem empobrecidos, estigmatizados, marginalizados ou reprimidos. A

---

[82] BID (1998:14-15).
[83] Cepal (2001:67-84).
[84] BID (2000).

temática relacionada à exclusão/integração e à fragmentação/coesão tem estado presente no seio das identidades sociais e nacionais da América Latina. No contexto atual, quando são feitas alusões à exclusão, referem-se aos setores que representam 1/3, a metade ou, até mesmo, a maioria da população que permanece praticamente fora da sociedade, somente sobrevivendo e se reproduzindo. Esses amplos setores da sociedade que são excluídos não são obrigatoriamente explorados ou mesmo necessários à sobrevivência dos grupos mais integrados na economia global. Os excluídos também não estão compostos por aqueles integrados previamente e que passaram por relativo declínio na manutenção de sua posição. Os indivíduos e grupos excluídos estão geralmente inseridos em todas as categorias e identidades sociais, como ocupação, educação, gênero, região, localidades rurais ou urbanas e etnia. Em conseqüência, suas possibilidades de empreender ações coletivas efetivas foram drasticamente tolhidas. De acordo com os atuais modelos de desenvolvimento, simplesmente não está claro quando e como muitos desses excluídos poderão integrar-se com sucesso.

Outro aspecto desse primeiro problema é como alcançar a coesão social, levando em conta a emergência da fragmentação decorrente dos padrões de produção. O desenvolvimento "nacional" na América Latina sempre ocultou as diferenças regionais. Entretanto, os padrões de desigualdade no desenvolvimento foram acentuados na última década, como resultado da descentralização parcial que redirecionou, de forma ineficiente, as desigualdades ou, até mesmo, as acentuou. Além disso, em conjunto com esse tipo de desigualdade, emergem aquelas produzidas pelos padrões globais de produção descritos anteriormente, que são minimizadas parcialmente pela migração interna e internacional.

O colapso do velho modelo teve sérias conseqüências para todos os grupos sociais associados à MSP estatal-nacional-popular, inclusive para os grupos de classe média, os trabalhadores e os setores populares. Exagerando um pouco, pode-se vislumbrar o desaparecimento sociológico da classe média, que foi a principal beneficiada pelos processos de industrialização, urbanização e políticas estatais daquela MSP. As aclamações pelo sucesso econômico puramente individual têm começado a destruir as ideologias meritocráticas e mesocráticas – governo da classe média. A redução do tamanho e das funções do Estado, a transformação da educação superior em institutos privados de treinamento para as elites dos modernos e crescentes setores transnacionais e o efetivo abandono do sistema de educação pública ameaçam a mobilidade dos setores populares e da classe média.[85] Dessa forma, tendo destruído

---

[85] Uma diferença fundamental entre a América Latina e a Ásia é o investimento altamente superior em educação e capital humano por parte dos países asiáticos. Por exemplo, os índices de educação média subiram de 34%, em 1965, para 86%, em 1992, enquanto na América Latina aumentaram somente de 19% para 47% no mesmo período. Ver Stallings (1995:30, Introduction).

as bases estruturais, institucionais e de valores da classe média, a tendência crescente é a transformação desta em estratos médios que se diferenciam de acordo com o seu acesso ao consumo. Há ainda aqueles capazes de se integrar a grupos de alta renda ligados ao setor de serviços e ao emprego transnacional, porém a maioria se encontra mais pobre e muito mais marginalizada. Uma reduzida camada social ainda existe como vestígio da velha classe média, mas é economicamente muito vulnerável e carece de uma ideologia que a mantenha coesa. A crescente insegurança na vida urbana gera uma ansiedade contínua entre esses segmentos médios, situação esta que se assemelha àquela que sempre afetou os excluídos das classes populares.

Os resultados da exclusão e da fragmentação tiveram severo impacto na capacidade de ação coletiva dos outros setores populares. A classe trabalhadora organizada se enfraqueceu em quase todos os países da região e as tentativas dos trabalhadores em recuperar sua voz e capacidade de protesto permanecem inócuas. Em alguns países, os camponeses diminuíram enquanto categoria social e foram substituídos por trabalhadores temporários. Em outros, importantes mobilizações camponesas, às vezes concentradas em identidade étnicas, como no México e no Equador, ou focalizadas em demandas básicas de terra, como no Brasil, têm ocorrido como reação a essas conseqüências negativas.

Por sua vez, os novos setores economicamente dominantes têm se ligado fortemente aos elementos centrais do modelo socioeconômico transnacional. Apresentados em revistas de negócios e de moda, conectaram-se aos elementos mais vantajosos e especulativos do modelo, como as privatizações e os mercados financeiros. Alguns poucos oportunistas aproveitaram o lado obscuro do modelo, como as várias formas de corrupção ou do narcotráfico, e estão sendo perseguidos por agentes legais, alguns deles também corruptos. Ao passo que as privatizações, as finanças e as aquisições corporativas estão onde a ação se encontra e onde o dinheiro é fabricado, os participantes se tornam cada vez mais leais aos seus próprios pactos de negociação e aos seus interlocutores internacionais do que ao desenvolvimento nacional. A prática filantrópica é subdesenvolvida e o grau de responsabilidade social que essas pessoas sentem em relação aos elementos mais desprovidos de sua sociedade é decepcionantemente baixo, mesmo entre os que entendem que a deterioração social é negativa para seus negócios em longo prazo. Como tais, esses novos ricos ainda não se constituíram como um verdadeiro *establishment* ou como classe dominante.

Assim, faz falta uma "cola" estrutural, com base em valores ou em classes, que leve à integração social e à união nacional. No melhor dos casos, em vários países da região, as ações das políticas públicas estão direcionadas "aos mais pobres dos pobres" pela via do assistencialismo e estão concentradas em estreitos alvos e no princípio da eqüidade. A eqüidade, no entanto, em contraste com a igualdade, está baseada na idéia de que alguma coisa deve ser feita por aqueles que caíram a determinado ponto mínimo. As políticas públicas designam ao Estado uma função corretiva e subsidiária, mas não a função integral de desenvolvimento nacional. Contudo, a democratização social não é possível sem focalizar a igualdade e a redistribuição – no mínimo, em termos de oportunidade –, mesmo que sob a democracia política isso não possa ser perseguido através da coerção. Ao mesmo tempo, em uma democracia política, é difícil alcançar o amplo consenso que seria necessário.

A ampliação da cidadania em conjunto com a necessidade de instituições apropriadas é a outra questão relacionada com a democratização social. A cidadania foi anteriormente definida, na Grécia antiga, como o reconhecimento dos direitos individuais em face do poder público dentro de uma pólis territorial, o espaço clássico da cidadania. Depois, a noção de pólis se ampliou e incluiu os direitos sociais e econômicos. Hoje em dia, as relações de gênero, os meios de comunicação de massa, o meio ambiente e o lugar de trabalho são novos espaços de contestação pelos direitos da cidadania. As pessoas querem ser cidadãs não só para ter um salário mínimo ou direitos políticos e civis, mas também para conseguir a obtenção de direitos adicionais definidos por elas. Essas reivindicações, contudo, nem sempre são reconhecidas pelas autoridades públicas ou pelas instituições políticas, e não somente na América Latina. Embora se esteja ampliando, o conceito de cidadania deve enfrentar novas exclusões em decorrência, entre outras razões, da fragilidade das instituições e dos atores tradicionais e da ausência de novos âmbitos, onde essas questões possam ser canalizadas.

Uma terceira questão relacionada à democratização social é o fenômeno da participação, no que concerne ao grau de democracia que prevalece localmente e em outros espaços territoriais, assim como em áreas funcionais. A participação na América Latina é tradicionalmente entendida como "acesso" àqueles que estão no poder ou à mobilização. Como a mobilização é mais difícil de ser alcançada no atual contexto socioeconômico, a participação passa a ser geralmente definida em termos de "acesso" e focalizada na qualidade dos serviços, da mesma forma que conota mais representação do que mobilização. Assim, em áreas tão diversas como a saúde, a educação, o trabalho, a informação e o processo decisório, as questões relacionadas ao acesso se combinam com as demandas de qualidade, encobertas por questões sobre estratificação social. Não é surpreendente que isso complique ainda mais a capacidade do Estado em formular e implementar políticas públicas.

Modelo de modernidade

Sem utilizar o termo, os atores sociais se expressam parcialmente em relação à sua modernidade, termo cuja definição e significado podem provocar inflamados debates entre os intelectuais.[86] Como observado anteriormente, entendemos a modernidade como a maneira pela qual uma sociedade constitui seus sujeitos e na qual os sujeitos são aqueles cidadãos capazes de construir sua própria história. A ausência de modernidade em uma sociedade é a ausência virtual de sujeitos autônomos, individuais ou coletivos. Sociologicamente, não podemos falar de uma única modernidade – mas de várias e diferentes modernidades. Cada sociedade incorpora seu próprio conjunto de modernidades. Os diferentes modelos de modernidade envolvem a combinação de três diferentes elementos: a dimensão racional científico-tecnológica, a dimensão expressivo-subjetiva (sentimentos, emoções, impulsos) e a dimensão da memória histórica coletiva.

As mudanças socioeconômicas que afetam atualmente a América Latina levaram as formas particulares de modernidade na região a entrar em crise, provocando a confrontação entre os inovadores modelos competitivos. O novo modelo de modernidade que emerge com mais força é aquele que determina o ajuste estrutural como o caminho para se chegar à sociedade ideal, que identifica a modernidade mundial com a modernização histórica do mundo industrializado e que reduz as interações sociais a intercâmbios econômicos. Esse modelo está condenado ao fracasso, apesar de sua popularidade entre as elites latino-americanas, pois não considera a existência de identidades nacionais e de grupo, ignora a memória coletiva, exclui a maioria das pessoas, nega o papel da política e carece de atores sociais nacionais que possam implementá-lo integralmente.

Uma visão alternativa é representada pela nova versão do corporativismo ou do integralismo católico. Para a modernidade ocidental, excessivamente racionalista, esse modelo apresenta, como alternativa, um sujeito essencialista com suposta identidade latino-americana centrada na população cristã, representada pela Igreja Católica. Uma identidade que aparentemente se criou durante o processo de conquista e de evangelização ocorrido na região há 500 anos. Esse tipo de pensamento, associado ao papa João Paulo II, pode ter certo grau de legitimidade, já que abarca algumas visões socioeconômicas progressistas em relação aos atuais setores sociais excluídos e também condena o materialismo, as desigualdades e as imoralidades da economia capitalista e do mercado. Entretanto, tal visão é profundamente reacionária no que concerne às questões socioculturais e possui inclinação anti-racionalista e antilibertária.

Em termos gerais, o primeiro modelo de ajuste estrutural tendeu a reduzir a modernidade latino-americana a uma visão racional-tecnológica que imita a de certos países industrializados, enquanto o modelo integralista reduz a modernidade a uma identidade essencialista e metasocial que impede a emergência de verdadeiros

---

[86] Para uma discussão sobre modernidade e identidade, ver Canclini (1995), Lanz (1993), Shuurman (1993), Larraín (1996) e Hopenhayn (2001).

sujeitos. Entre os dois pólos, existem numerosas soluções parciais; entre elas, há modelos centrados na cultura de massas e gerados pela mídia, em identidades originais ou em comunidades particularistas. A região está atualmente no centro do debate – às vezes, aberto; outras, tácito ou oculto – a respeito dos modelos de modernidade apropriados para esta época.[87]

Como vimos, a globalização tem afetado as dimensões econômica, política, social e cultural. Ao mesmo tempo, como será analisado mais detalhadamente no próximo capítulo, as vastas transformações na América Latina também responderam a pressões internas e a agentes localizados dentro e através de cada uma dessas dimensões.

---

[87] Ver Levine (1993).

5
Em direção a uma mudança de matriz

As crescentes contradições apresentadas pela MSP estatal-nacional-popular provocaram sua progressiva crise interna. Essa crise foi expressa pela divisão entre duas opções: uma buscava aprofundar seus aspectos dependentes do capitalismo com a concomitante reviravolta das políticas populistas; a outra estava focalizada no aprofundamento da democratização social em conjunto com a substituição de seus componentes dependentes do capitalismo. Os novos tipos de regimes militares, que surgiram primeiro no Brasil, em 1964, e, posteriormente, em outros países do Cone Sul, são expressões da primeira opção. O governo da Unidade Popular de Salvador Allende no Chile (1970-73), o peronismo tardio de Héctor Campora (1973) e, em versão mais extrema, as guerrilhas dos anos 1960 constituem exemplos da segunda opção, que foi derrotada violentamente em quase todas as partes da região.

As ditaduras militares seguidas de processos de democratização, o fenômeno da globalização, discutido no capítulo 3, e as reformas estruturais, com as quais a globalização estava associada, desarticularam profundamente a matriz estatal-nacional-popular. Por um lado, apesar dos esforços neoliberais dentro e fora da região, ainda não está consolidada uma nova e estável matriz de relações entre o Estado e a sociedade e seus elementos-chave. Por outro, o que é aparente na região são traços contraditórios que combinam, por exemplo, a consolidação dos regimes democráticos com maior pobreza e desigualdade, a desestruturação política crescente do comportamento coletivo, misturado ao intenso ativismo dos movimentos sociais fragmentados, a maior institucionalização da vida política, acompanhada de sua perda de relevância para a vida das pessoas, e uma crescente expansão dos mercados concomitante ao enfraquecimento da capacidade decisória do Estado.

Uma nova matriz sociopolítica implica uma transformação coerente do modelo de desenvolvimento, assim como dos componentes-chave da matriz, do Estado, das instituições políticas e do sistema de representação, dos atores sociais e suas orientações culturais e do regime político. De modo contrário, o que está surgindo são tendências em múltiplas e, às vezes, contraditórias direções, com elementos residuais do antigo modelo justapostos aos novos, o que dificulta identificar quais tendências representam um fenômeno transitório e temporário e quais serão duradouras.

O modelo de desenvolvimento

As recentes discussões sobre o desenvolvimento na América Latina consideram não só os erros do passado, como também as observações a respeito do que resultou de positivo em outras regiões, as pressões das agências internacionais e as conexões com a herança histórica da região. O que mais influenciou foi a crise econômica dos anos 1980, mesmo que suas arestas políticas tenham surgido dos governos autoritários do Chile e da Argentina nos anos 1970. Entretanto, para entender as novas tendências que buscam substituir o anterior modelo de desenvolvimento, é importante analisar os problemas e as ineficiências do antigo modelo que precisam ser abandonados, as origens intelectuais das novas tendências e a natureza das coalizões que apóiam a transformação.

Uma vez que as elites políticas latino-americanas aceitem que o velho modelo de desenvolvimento precisa ser modificado ou abandonado, a evolução dessas tendências irá percorrer no mínimo três etapas: receptividade às políticas específicas que corrijam os elementos mais insustentáveis do modelo preexistente (chamadas tipicamente de "ajuste"); direcionamento para uma nova estratégia de crescimento, que inclua elementos políticos e sociais; e a implementação da estratégia com dimensões políticas e normativas. Como foi no caso da ISI, as dimensões sociais, políticas e ideológicas de qualquer modelo precisam estar entrelaçadas.[88]

Foi por nós argumentado que uma dimensão das políticas de ajuste deveria eliminar as distorções econômicas. A *rationale* técnica e ideológica dessa política foi cristalizada no "Consenso de Washington".[89] Foram proclamadas a privatização das indústrias estatais com o objetivo de liberar o governo central (e as autoridades monetárias) do pagamento dos déficits orçamentários e a passagem dos bens às mãos de corporações e empresários com capacidade de investimento. A liberalização reduziu a cobrança de impostos, liberou a taxa de câmbio e eliminou os controles de câmbio para impulsionar a competição, aumentar a eficiência produtiva e baixar os preços locais. A política monetária se tornou restritiva, para frear a inflação, e incluiu altas taxas de juros, de modo a atrair o capital estrangeiro de curto prazo. A reforma do setor público reduziu o funcionalismo estatal; buscou melhorar a arrecadação e fortalecer o controle bancário e de crédito, após a tentativa inicial de extremo *laissez-faire*; e limitou os serviços públicos, como educação e saúde, com a finalidade de

---

[88] Fernando Fajnzylber começou a desenvolver esses conceitos antes de falecer. Ver Fajnzylber (1990).

[89] Para uma análise preliminar das medidas elaboradas pelo "Consenso de Washington", ver Williamson (1990, capítulo 2); para uma síntese das reformas chilenas, ver Martinez e Díaz (1996); para uma revisão a respeito dos três principais países latino-americanos, ver Teichman (2001). É também útil a obra de Glade e Corona (1996).

reduzir o déficit do setor. Essas políticas construíram as bases para que o tipo de produção orientada para a exportação integrasse a nação na economia global, para ampliar os intercâmbios externos, atrair investimentos e para assegurar que os produtores nacionais adicionassem valor aos seus produtos com base nas vantagens comparativas do país.

As transformações políticas não surgiram internamente; foram baseadas em determinadas correntes mundiais de pensamento econômico. Há muito, os teóricos neoclássicos e monetaristas consideravam que os pressupostos da ISI não eram eficientes e recomendavam as políticas mencionadas como o único caminho possível para alcançar um crescimento sustentável. O argumento foi reforçado pelo significativo sucesso das economias asiáticas em se tornarem ligações entre as cadeias de bens de consumo impulsionadas pelo comprador e pelo produtor e, em algumas ocasiões, gerando suas próprias cadeias de bens. Os funcionários-chave que administravam as economias dos principais países latino-americanos tinham sido orientados, em seus cursos de graduação (a maioria, nos Estados Unidos), por professores que seguiam as teorias neoclássica e monetarista. Antes de 1982, as agências internacionais, como o FMI e o Banco Mundial, promoveram essas políticas timidamente, para depois aplicá-las agressivamente na forma de cláusulas de condicionalidade nos novos empréstimos realizados após a crise da dívida, a qual enfraqueceu consideravelmente a capacidade e a determinação dos Estados da região em resistir. As corporações transnacionais deixaram claro que iriam continuar investindo na Ásia, onde as taxas de crescimento eram maiores do que na América Latina, enquanto não fossem modificadas as leis que tratavam de impostos, comércio exterior, investimento e remessa de lucros.

As elites econômicas locais estavam divididas inicialmente a respeito das novas políticas. Os grupos empresariais que detinham reservas em efetivo ou fácil acesso ao financiamento internacional receberam as novas políticas com prazer, já que poderiam apropriar-se de grande parte das indústrias privatizadas e competir eficientemente em âmbito menos regulado. Os líderes das indústrias que baseavam seus lucros na proteção alfandegária, em subsídios e no controle de preços se sentiram ameaçados pela nova competitividade. Como última saída, esses líderes insistiram na necessidade de terem mais tempo para poder reagir às mudanças, mas foram incapazes de bloquear as novas políticas por causa do aprofundamento da crise em muitos países e se resignaram a uma posição menor e menos proeminente na hierarquia do setor privado. O mesmo ocorreu com os setores agrícolas tradicionais orientados para o mercado local. Em última instância, os maiores prejudicados foram os grupos de renda média e baixa, que vivenciaram aumentos de preços, demissões e cortes nos serviços sociais. Em todos os casos, os ajustes causaram, por longo período, graves aumentos nos índices de pobreza, desigualdade, desintegração social.

O tipo de regime – autoritário ou democrático – determinou inicialmente quando essas políticas seriam adotadas. O primeiro país latino-americano que se afastou decisivamente da ISI foi o Chile, sob um governo autoritário militar; o segundo foi o México, sob um regime autoritário civil. Contudo, essas novas iniciativas políticas não foram necessariamente incompatíveis com os regimes eleitos que operavam nos sistemas democráticos ou semidemocráticos, como ficou demonstrado posteriormente. Entre 1985 e 1995, Argentina, Uruguai, Venezuela, Peru, Colômbia, Equador, Bolívia, Paraguai e Brasil começaram os processos de reforma sob governos eleitos e congressos em funcionamento. Em alguns países, as reformas foram implementadas pela elite tecnocrática por meio de métodos autoritários e evitando o consenso democrático. A atmosfera que envolvia essas políticas incluía o reconhecimento de algumas falhas do antigo modelo anterior, em especial a subordinação da economia aos objetivos políticos; o acentuado declínio dos sindicatos dos setores populares e das organizações políticas da década de 1980; a hiperinflação; e o aumento do peso do capitalismo no mundo após o colapso da União Soviética. Em alguns países, as classes populares urbanas protestaram contra as dificuldades causadas pelas políticas e os proprietários das indústrias ligadas à ISI advertiram que a importação não-regulada iria transferir ao exterior a riqueza nacional. Entretanto, essa dupla oposição não foi suficiente para deter o impulso inicial.

Muitos defensores do liberalismo econômico argumentaram que um sistema aberto e democrático é o mais congruente com um contexto político de livre mercado e que os mercados livres, por sua vez, acabam produzindo sistemas democráticos.[90] O debate sobre a relação entre capitalismo e democracia é muito amplo e não pode ser resolvido aqui. Embora uma democracia consolidada nunca tenha existido na prática em uma economia controlada e não seja possível que venha a existir por causa das limitações impostas em relação à manutenção de uma sociedade civil independente e a sustentação de uma oposição política ativa, tampouco ela pôde emergir em mercados completamente livres e sem controles, devido às mesmas razões teóricas: faz-se necessário o poder do Estado para estabelecer e manter os mercados e para corrigir suas falhas; assim, um Estado democrático e responsável deve regular os mercados, no sentido de superar as desigualdades e a fragmentação de forças por eles geradas.[91]

---

[90] Ver, por exemplo, *The Economist* (1997). *The Economist* é um dos promotores mais entusiastas do liberalismo econômico. Apesar de, neste artigo, afirmar preferência pela democracia política em relação a qualquer outra forma de governo, o faz com reticências, já que considera a democracia uma ameaça maior para a liberdade econômica do que o capitalismo para a democracia. Também afirma que os argumentos sobre o declínio do poder do Estado (questão que apóia fortemente) tendem a ser exagerados.

[91] Ver Linz e Stepan (1996:11-13).

Desse modo, é discutível a existência de uma relação causal e de apoio mútuo entre a democracia e o livre mercado, principalmente em sistemas capitalistas de desenvolvimento intermediário. Pelo menos, na América Latina, o liberalismo econômico e a democratização política não seguiram um caminho linear e acumulativo; na realidade, é notório que nem sempre convergiram ou se reforçaram mutuamente. A coincidência entre o liberalismo econômico e a democracia nos anos 1980 e 1990 foi um acidente histórico. Nos anos 1980, fazia-se necessário um novo modelo econômico por causa do colapso da ISI. E a democracia retornou em vários países latino-americanos nos anos 1980, depois de longo período de regimes autoritários militares. Mesmo que a legitimidade militar tenha enfraquecido, em parte por causa das falhas econômicas daqueles regimes, e que os governos eleitos democraticamente tenham sido os responsáveis pelas reformas econômicas, a democracia política também alcançou maior legitimidade na medida em que os competidores internacionais perdiam força, em especial após o colapso da União Soviética e o fim da guerra fria. Esse novo contexto permitiu que a democracia sobrevivesse em alguns países sob circunstâncias de crise, o que, no passado, teria levado certamente a novo rompimento.

O novo modelo econômico responsabilizou, em grande parte, a empresa privada pelo crescimento e pelo investimento. Para justificar os lucros em um contexto competitivo, a ideologia do modelo argumentava que as empresas privadas requeriam incentivos para o uso de capital, de recursos naturais e da mais eficiente mão-de-obra possível. A redução das barreiras de importação gerou competição entre os produtores estrangeiros e forçou o setor privado local a "corrigir os preços". A capacidade de exportação de um país estava baseada inteiramente em suas vantagens comparativas com relação à economia mundial. A intervenção do Estado se limitava às políticas monetárias, à arrecadação de impostos e à prevenção de fraude. O livre mercado era entendido como garantia de alocação eficiente de recursos e de preços, enquanto a regulação devia aplicar-se apenas ao câmbio, à proteção ao trabalho, ao investimento estrangeiro, à importação e à exportação. É claro que nem todos os países, inclusive Chile e México, seguiram as medidas recomendadas pelo modelo teórico e ainda é duvidoso se os bem-sucedidos PRI da Ásia seguiram as regras dessa teoria durante sua fase de alto crescimento, em particular no que se refere ao papel do Estado.[92]

O novo modelo econômico como estratégia de desenvolvimento na América Latina mostrava-se incompleto, já que os componentes sociais, políticos e ideológicos estavam ausentes. Essas características permitiram que a estratégia se difundisse por toda a sociedade e que reforçasse e complementasse a lógica econômica. Mesmo que o componente econômico da estratégia de desenvolvimento fosse, em geral,

---

[92] Para ampla comparação dessas regiões, ver Gereffi e Wyman (1990).

mais evidente e mensurável, seus outros componentes adquiriram a mesma importância ao longo do tempo. As sociedades não vivem apenas da economia. Uma pergunta fundamental tem sido se a nova estratégia é capaz de resolver o conjunto de desafios relativos à geração de legitimidade e à auto-subsistência e reprodução. Uma reprodução bem-sucedida depende não só do crescimento, mas também da administração sustentável de recursos, já que a América Latina começa a forçar os limites da elasticidade ecológica da região.

Nas primeiras etapas, a aceitação interna das mudanças econômicas foi facilitada pela angústia provocada pela inflação, hiperinflação, crescimento baixo ou mesmo negativo, corrupção, desemprego e declínio da qualidade de vida – questões atribuídas à crise, pela opinião pública, e ao anterior sistema econômico, pela elite dominante. Para os setores da população em crescimento, qualquer tipo de mudança era melhor do que o *status quo*. Ao mesmo tempo, os regimes ou governos no cargo fizeram o possível para culpar seus antecessores pelos custos do novo modelo econômico. No Chile, por exemplo, durante o governo militar, as autoridades denegriram o governo da Unidade Popular de Salvador Allende, aludindo ao caos político e econômico de seu governo para apaziguar as queixas contrárias às políticas austeras adotadas por Pinochet. Também o presidente Menem da Argentina, durante seu primeiro mandato, acusou a administração de Raúl Alfonsín pelos problemas herdados e o sistema internacional pela imposição de determinadas condições.

À medida que os ajustes econômicos continuaram em toda a América Latina em níveis diferentes, as elites econômicas e segmentos muito pequenos da classe média começaram a se beneficiar em diversos graus e circunstâncias. A promessa de transferir grandes parcelas da propriedade nacional para mãos privadas, por meio da diminuição do valor dos impostos e da privatização, fez que eleitorados influentes – em particular, aqueles das empresas em posição de vantagem – se tornassem defensores entusiastas do modelo. Freqüentemente, o processo de privatização, em si mesmo, levou a enorme concentração de riqueza nas mãos de poucos empresários privados. A abertura ao investimento estrangeiro permitiu o desenvolvimento de empresas associadas (*joint ventures*) administradas por executivos nacionais, os quais, a partir de suas próprias perspectivas econômicas, argumentavam que as reformas eram compatíveis com o interesse nacional de seus países. A diferenciação e a modernização, requeridas por uma estrutura de produção mais moderna, geraram novos empregos para a classe média nas áreas de contabilidade, direito, informação e comunicação, administração, transporte, treinamento e pesquisa técnica. Enquanto as economias ganhavam impulso, aumentavam as demandas por trabalho, passando de um desemprego inicial maciço para grandes e amplos setores de desempregados, o que fazia que setores populares ganhassem um lugar no sistema. Os programas sociais, a princípio cortados para reduzir o déficit do setor público, foram reformulados para promover benefícios limitados a grupos específicos, na forma de redes de seguridade social ou "políticas focalizadas".

Idealmente, uma economia dinâmica, que conte com quase pleno emprego e que ofereça ganhos contínuos de renda para todos os setores sociais, pode gerar sua legitimidade própria. Os problemas surgem quando os benefícios são menos generosos ou de distribuição menos extensa, quando flutuam conforme os ciclos dos negócios ou ao serem cortados após crises financeiras ou econômicas generalizadas. Lamentavelmente, depois de 1995 e, particularmente, após 2000, esse fato tem sido comum. Durante 1995, como conseqüência da desvalorização do peso mexicano, em dezembro de 1994, vários países da região passaram por significativas fugas de capital, sendo o México, a Argentina e o Uruguai os maiores afetados. A crise asiática, que estourou na segunda metade de 1997 e foi exacerbada pela moratória e desvalorização russa em agosto de 1998, afetou particularmente os países da América do Sul, enquanto o México e a América Central eram beneficiados pela forte economia norte-americana. A crise de 2001/02, mais global em sua natureza, teve amplas implicações para o comércio e para as finanças.[93] A questão que as elites nacionais têm de enfrentar é: quais são os pilares ideológicos de legitimação dessa nova argumentação?

Uma escolha comum parece ser o neoliberalismo como ideologia. Tal escolha possui implicações para o tamanho e o alcance do setor público, para os direitos e responsabilidades individuais e para a promessa de uma sociedade de mercado, na qual todos os cidadãos podem consumir e produzir aquilo que queiram. O modelo anterior estatal-nacional-popular enfatizava a iniciativa do Estado e os valores coletivos. De acordo com aqueles que defendem o neoliberalismo, a destruição dos centros tradicionais de poder do Estado e dos setores econômicos beneficiados gera supostamente uma multiplicidade de oportunidades para que os indivíduos maximizem seu potencial, mediante esforço próprio e com menores barreiras institucionais, políticas e sociais. As pessoas de todos os níveis de renda são levadas a crer que elas "podem chegar lá" na nova economia se seguirem os caminhos convencionais ou fortuitos sem a ajuda do governo. Se falharem, é por sua própria culpa ou má sorte. Aqueles que são bem-sucedidos serão um modelo a seguir para sua família, amigos, conhecidos e amigos de seus amigos. Histórias de indivíduos que melhoraram significativamente sua vida econômica podem inspirar aqueles que os observam ou aprendem com eles. Acreditam que devem fazer o mesmo e que suas falhas se devem a defeitos pessoais, e não ao sistema político. O efeito buscado pela demonstração do sucesso de alguns poucos indivíduos é ajudar a legitimar o sistema na sociedade como um todo, até mesmo onde não há beneficiados. As elites, que adotam o neoli-

---

[93] Ver United Nations Commission for Latin America and the Caribbean (2001).

beralismo como motor ideológico do novo sistema, esperam aliviar o Estado das pressões pela resolução dos problemas econômicos e sociais nacionais, mas recorrem à intervenção estatal para a implementação do modelo e para alcançar objetivos específicos (os próprios) econômicos e sociais.

Entretanto, é pouco provável que essa espécie de ideologia neoliberal se cristalize na América Latina, tendo em vista que esta se direcionou menos para o individualismo e mais para as obrigações do Estado do que o pequeno número de países tradicionalmente associados aos valores liberais e neoliberais. Por sua vez, as sucessivas crises financeiras e o crescimento das taxas de desemprego e de precariedade no trabalho têm totalmente desacreditado a legitimidade neoliberal. A ideologia que está evoluindo na América Latina, a qual estabelece padrões para indivíduos, famílias, categorias e grupos e autoridade pública, irá incorporar certamente tanto os componentes individualistas como coletivos.

Mesmo que o nacionalismo persista fortemente na região, sua importância para o modelo de desenvolvimento emergente e para o modelo anterior de ISI é diferente. Em lugar de restringir o investimento estrangeiro, o nacionalismo econômico defende os interesses econômicos do país nos tratados e acordos internacionais. Em lugar de bloquear a entrada de produtos estrangeiros nas lojas nacionais, o novo modelo econômico busca acesso para a produção nacional no mercado internacional. O efeito emocional de cada uma dessas medidas no orgulho nacional é diferente e, possivelmente, é mais forte no último caso. A compra de exportações latino-americanas não-tradicionais pelas economias industrializadas aumenta a relevância da nação exportadora. A lei econômica da vantagem comparativa internacional influencia o valor da diversidade cultural local. Folclore, vestuário, música, tradições, arte, literatura, comportamento coletivo e costumes – o núcleo da identidade nacional – foram sempre fortes símbolos unificadores para as classes populares.[94] Sob a nova estratégia, esses mesmos traços, exceto quando orientados politicamente, serão provavelmente valorizados por grupos economicamente poderosos, que antes prefeririam objetos europeus ou norte-americanos em detrimento das tradições culturais nacionais. O futuro econômico desses grupos poderosos depende significativamente de sua habilidade em competir internacionalmente com específicos bens e serviços nacionais, em particular a indústria turística. Em suma, as elites latino-americanas podem utilizar seletivamente símbolos nacionalistas – de forma não-histórica, não-mobilizante e não-política – como instrumentos de legitimação, unificação e consenso, da mesma maneira como foram utilizados no modelo de desenvolvimento anterior.

Após a completa formação do modelo latino-americano de desenvolvimento, a visão econômica mais benevolente prevê uma combinação entre uma economia

---

[94] Para exemplos de cultura autóctone relacionados com processos sociais, ver Kleymeyer (1994).

baseada em alguns princípios clássicos (como a competitividade) e um papel produtivo limitado e moderadamente regulador do Estado; fortes e diferenciadas ligações internacionais, com importantes funções para vários grupos regionais e sub-regionais nos países; alguns programas sociais fracos, financiados publicamente e focalizados nos grupos mais necessitados; e programas com uma leve noção de eqüidade – tudo isso dentro de um regime legitimado por um tipo de contrato social entre os indivíduos e o Estado. A coalizão social que está por trás da nova estratégia – ou seja, aqueles indivíduos que possuem maiores possibilidades de alcançar seus benefícios – seria: a elite econômica, os donos das indústrias privatizadas e de exportação, em particular; os setores da classe média em ascensão; a classe trabalhadora dos setores mais modernos; e os burocratas tecnocráticos ligados à empresa privada.

As corporações internacionais serão receptivas, na medida em que suas filiais latino-americanas sejam elementos úteis em sua produção mundial ou de suas estratégias de venda. As instituições financeiras internacionais condicionarão seus investimentos à manutenção dos principais elementos do modelo. Os militares serão observadores externos, mas olharão com suspeita os processos de desnacionalização, principalmente dos setores estratégicos como mineração, petróleo, telecomunicações e, no futuro, de suas próprias indústrias. Essa estratégia levaria cada uma das nações à renovação econômica quando submetidas à competição nas áreas onde acreditam possuir vantagens comparativas, oferecendo incentivos aos empresários que queiram explorar novos nichos econômicos locais e internacionais e reformulando a coalizão de apoio ao Estado.

Os países latino-americanos não possuem o consenso geral, ético e ideológico necessário para que essa nova estratégia possa ser o futuro modelo de desenvolvimento. Entretanto, acordos parciais, às vezes implícitos, foram alcançados em alguns países em relação a determinados princípios e medidas. Simultaneamente, essa estratégia foi criticada por causa de seus efeitos adversos na integração social, igualdade, meio ambiente e cultura. De fato, para que funcione como modelo de desenvolvimento, alguns desses resultados não-harmônicos terão de ser inevitavelmente corrigidos, o que, por sua vez, transformaria sua própria natureza. De mais a mais, se setores da população parecem aceitar essa estratégia, é por causa da falta de alternativa, e não pela certeza de alcançar uma sociedade fundamentalmente melhor, como proclamam os neoliberais. Os intelectuais e algumas instituições, como a Igreja Católica, criticam os efeitos culturais, sociais e políticos do modelo, mas não têm sido capazes de propor uma alternativa plenamente desenvolvida.

Ao mesmo tempo, planos alternativos têm surgido de várias perspectivas. Sem voltar ao modelo anterior de desenvolvimento, buscam salvar o papel do Estado *vis-à-vis* à irrestrita focalização no mercado, enfatizando questões como o desenvolvimento sustentável e eqüitativo e defendendo, para esses países, um regionalismo aberto como forma de enfrentar a globalização. Há também plataformas antineoliberais e antiglobalização mais radicais, que contam com significativa aceitação das massas e que se encontram expressas em reuniões como o Fórum Social Mundial, levado a cabo inicialmente em Porto Alegre, Brasil, por vários anos e depois estendido para outros países e regiões. Pode-se observar que, de acordo com as declarações dos setores oficiais e mais ortodoxos do Consenso de Washington, algumas correções e adições têm sido feitas ao modelo.[95]

Em resumo, a nova estratégia pareceu resolver inicialmente importantes problemas do modelo anterior em relação às distorções econômicas. Mas, na virada do século, há pouca dúvida de que a maioria dos países da América Latina que tentaram seguir a agenda neoliberal impulsionada pelo mercado de ajustes estruturais não conseguiu alcançar um desenvolvimento sustentável. Não só os desempenhos de crescimento a longo prazo, em geral, foram decepcionantes, mas imensas desigualdades na riqueza e na renda acompanharam seu errático crescimento. Nesse sentido, os poucos casos bem-sucedidos, como o Chile, buscaram seguir suas próprias estratégias de desenvolvimento.[96]

É verdade que uma versão revista e ampliada do Consenso de Washington apresentou uma longa lista de recomendações, que incluía reformas governamentais e outros tipos de reformas institucionais, mas compartilhava basicamente os mesmos problemas da primeira e se mostrava irrelevante para propósitos práticos de desenvolvimento. Essa crítica ao Consenso de Washington não significa que sejamos, em princípio, contrários a algumas de suas recomendações, como, por exemplo, a promoção de disciplina fiscal e de uma política monetária sólida, o favorecimento de um papel mais proeminente para os mercados na alocação de recursos, a limitação dos comportamentos predatórios (*rent-seeking*) e o encorajamento para aprofundar a integração com a economia global. Porém, os países latino-americanos também devem levar em conta sua economia política corrente, suas condições macroeconômicas específicas, o grau de sua vulnerabilidade externa, o desenvolvimento de seus mercados financeiros e os desequilíbrios estruturais de suas contas fiscais, assim como outras significativas ineficiências de coordenação e de mercado sedimentadas em suas economias e que, certamente, demandam a intervenção de um Estado eficiente e efetivo.

---

[95] Além das críticas ao anterior modelo econômico, apesar de o ter apoiado em algumas ocasiões, a Cepal propôs uma nova visão para alcançar as transformações econômicas com eqüidade necessárias na América Latina. Ver, por exemplo, Cepal (1992) e United Nations Commission for Latin America and the Caribbean (2000). Ver, também, Ffrench-Davis (1999b). Posturas mais radicais foram apresentadas no Fórum Social Mundial, em Porto Alegre, no Brasil, nos meses de janeiro dos anos de 2001, 2002 e 2003. Ver os diversos documentos em <www.forumsocialmundial.org.br>. Sobre a evolução da visão do Banco Mundial, ver World Bank (2002).

[96] Ver Ffrench-Davis (1999a, 1999b).

A nova estratégia associada ao neoliberalismo dirigido pelo mercado fez erodir a base de sustentação do modelo anterior e rompeu parcialmente a subordinação da economia à política. Entretanto, ainda não construiu um novo e coerente modelo de desenvolvimento, que ajude a assegurar uma relação produtiva entre o Estado e a sociedade. A seguir, a construção desse modelo e dessas relações será nosso principal objetivo.

O Estado e as instituições políticas

O surgimento de uma nova MSP se refere não somente aos fatores de produção, aos movimentos sociais e à cultura, mas também ao regime político. Na maioria dos países latino-americanos, regimes com variados graus de democracia têm persistido em seus diversos níveis de consolidação. A democratização cumpre potencialmente duas funções: uma prática e outra ideológica. Entre suas vantagens, os arranjos democráticos permitem que o modelo de desenvolvimento evolua e enfrente pressões, enquanto maximiza sua legitimidade e a do sistema como um todo. Os partidos políticos, as eleições, os debates parlamentares, os protestos regulamentados e uma imprensa relativamente livre fornecem os canais necessários para expressões de descontentamento, o que permite a autocorreção de políticas mal desenhadas ou sua substituição. Os sistemas democráticos, que, até mesmo, em suas formas mais amenas, respondem, em certo grau, ao sentimento popular, possuem mecanismos para corrigir as reformas econômicas em acordo com o contexto político e social.

No entanto, é nesse sentido que se encontra o maior desafio para as democracias latino-americanas. É possível, em um mundo globalizado, que sofre pressões dos poderes transnacionais e de instituições internacionais como o FMI e o Banco Mundial, implementar políticas econômicas nacionais? E, se não for possível ou somente for possível de forma muito limitada ou restrita, como esses regimes podem preservar a indiscutível legitimidade das instituições democráticas?

Como alternativa, um governo autoritário, como foi o caso chileno durante a administração de Pinochet, forçaria o modelo "goela abaixo" da população. Na medida em que a nova proposta emerge do "toma lá, dá cá" da competição política e é percebida como tal, sua legitimidade se baseia em ter sido "escolhida" pelo povo. Contudo, apesar das mudanças significativas ocorridas no contexto internacional, as complexas restrições ambientais, sociais e culturais tornam seu processo de legitimação muito difícil e raramente garantido.

Na América Latina pós-autoritária, a democracia tendeu a perder o significado que adquiriu durante a MSP estatal-nacional-popular, sem substituí-lo plenamente por outra alternativa. Nesse período, a concentração da solução dos conflitos dentro do Estado demonstrou a característica híbrida dos regimes, os quais combinavam tanto elementos democráticos como autoritários. Como resultado, o compromisso dos líderes e da população com as instituições democráticas foi tênue e as contribuições das instituições à governabilidade foram limitadas. A maioria dos regimes que passaram recentemente por processos de democratização busca, hoje em dia, ir além da transição da ditadura ou dos regimes híbridos, para superar seus legados ou entraves e se transformar economicamente, o que pressupõe o surgimento de novas relações entre o Estado e os atores sociais, no sentido de aprofundar a importância e a qualidade de suas democracias.

O governo

A autoridade presidencial é o elemento distintivo das estruturas formais das democracias latino-americanas. Os conflitos têm girado em torno de diversas questões inter-relacionadas: os poderes apropriados e a autoridade do presidente, enquanto figura plebiscitária; a natureza das relações entre Executivo e Legislativo e a capacidade do Judiciário em controlar constitucionalmente os outros setores do governo de forma independente e convincente. Esses conflitos, dentro e fora dos parâmetros constitucionais, têm refletido lutas mais amplas pelo poder e pela influência na sociedade latino-americana.

As crises econômicas das duas últimas décadas levaram muitos presidentes a se apoiarem fortemente em seus poderes decisórios e de decreto, acumulados gradualmente durante décadas. A extensão do poder de ação do Executivo surgiu de emendas constitucionais, da delegação de autoridade por parte do congresso ou, simplesmente, por decreto presidencial, facilitado por um Judiciário dependente do Executivo ou pela abdicação parlamentar – por exemplo, o presidente Carlos Menem, na Argentina, o presidente Joaquín Balaguer, na República Dominicana, e os presidentes Miguel de la Madrid e Carlos Salinas de Gortari, no México.

A paralisia das relações entre o Legislativo e o Executivo em contextos de crise também levou os presidentes a empregar poderes de decreto especiais, em geral sem sucesso – por exemplo, o presidente Fernando Collor de Mello, no Brasil, e o presidente Raúl Alfonsín, na Argentina. No Peru, o presidente Alberto Fujimori preencheu o vazio deixado pela desacreditada Alianza Popular Revolucionaria Americana (Apra) e por uma envelhecida classe política. Para isso, lançou mão do apoio militar e das eleições para transformar o Legislativo em uma ampliação de seu desejo político. Em numerosos casos – como do presidente Menem, na Argentina, do presidente Fernando Henrique Cardoso, no Brasil, e do presidente Fujimori, no Peru –, os presidentes modificaram as Constituições, com sucesso, com o objetivo de estender seus mandatos.

Entretanto, há uma tendência contrária, expressa em outras reformas constitucionais na região e pelo comportamento de presidentes e congressos, que indica um retrocesso das prerrogativas presidenciais e o estabelecimento de maior equilíbrio no comportamento entre o Executivo e o Legislativo, em especial nos contextos em que o presidente não conta com visível maioria partidária. Esse foi o caso do presidente Ernesto Zedillo e, depois e mais claramente, sob o governo do presidente Vicente Fox, no México; na República Dominicana, sob o mandato do presidente Leonel Fernández; e, no Brasil, no governo do presidente Cardoso. Um exemplo particularmente dramático dessa tendência foi a expulsão do presidente Abdala Jaime Bucaram Ortíz pelo Legislativo equatoriano, em 1997. Contudo, a natureza extensiva e contínua das reformas constitucionais e eleitorais na região aponta que as severas disputas entre os atores políticos pelo poder e pelos recursos dele oriundos escondem a decadência das políticas ideológicas e a crescente incapacidade do Estado latino-americano. Conflitos a respeito das regras formais – mesmo quando as informais têm maior peso – demonstram a importância dessas questões institucionais.

A eficiência das relações entre o Executivo e o Legislativo e suas respectivas atribuições não pode ser confundida com a questão a respeito da forma ou do sistema de governo, apesar de terem existido debates sobre o valor do presidencialismo, do parlamentarismo e de suas formas intermediárias.[97]

Além das questões técnicas envolvidas, existem dois problemas centrais. O primeiro é como construir governos de maioria em sistemas tradicionalmente presidencialistas e multipartidários. O segundo é como alcançar um conjunto mais equilibrado de prerrogativas constitucionais entre os dois poderes, ao mesmo tempo que é assegurada a determinação e a capacidade do congresso em participar no processo decisório e supervisionar de um modo que não seja apenas obstruir ou buscar proveito. O debate começa com a observação legítima de que o presidencialismo tem sido, em várias ocasiões, excessivo e continua com a argumentação de que existe alternativa para construir maiorias, para construir governos de coalizão mais elásticos e tornar os legislativos mais capazes, transparentes e *accountables*. Essa discussão pode envolver questões relativas ao sistema de partidos e ao sistema eleitoral, assim como se referir às relações constitucionais, legais e informais entre os vários setores do governo.[98]

É necessário encontrar um equilíbrio apropriado entre eficiência e capacidade de ação, por um lado, e acesso democrático e *accountability*, por outro. O Legislati-

---

[97] Sobre o presidencialismo na América Latina, ver Linz et al. (1990), Nohlen e Fernández (1991), Linz e Valenzuela (1994), Mainwaring e Shugart (1997b, 1997a). Para uma discussão sobre o controle da renda *per capita* e a maior durabilidade dos sistemas parlamentares em relação aos presidencialistas (os Estados Unidos seriam exceção), ver Przeworsky et al. (2000:128-132).

[98] Partes deste parágrafo e do seguinte se baseiam em Hartlyn (2001).

vo deve ter suficientes prerrogativas para participar das decisões-chave e para controlar as ações do Executivo. A incapacidade do Legislativo em equilibrar os poderes do Executivo reflete, às vezes, a ausência de independência do Judiciário, a liberdade de manipulação política, a intimidação, a falta de financiamento, a corrupção e a incapacidade de servir como controle efetivo das ações inconstitucionais dos outros setores. Também existe o risco, em potencial, de um Judiciário excessivamente isolado, legalista e sem restrições, e/ou sem a organização necessária para encaminhar questões constitucionais de forma clara e perdurável. Assim, essa incapacidade pode gerar um desequilíbrio real entre os poderes Executivo e Legislativo, incrustada nos textos constitucionais e nas práticas informais, onde as legislaturas, apoiadas em práticas clientelistas ou paroquiais, se satisfazem em ter um Executivo isolado e somente responsável pela agenda nacional. Tais sistemas podem perdurar consideravelmente, em particular nos casos em que o Executivo conta com poderes legislativos especiais na confrontação de crises, mesmo que isso não os faça desejáveis.

O Estado

A expressão "reforma do Estado" é quase sinônima de "destruição do Estado". O debate internacional acerca da reforma do Estado tem se alimentado de diversas visões ideológicas, que, inicialmente, incluíam a idéia de sua virtual desaparição. Posteriormente, defensores da reforma do Estado estabeleceram noções de descentralização administrativa; de diminuição das funções, de desregulamentação – o que, na prática, significa conformar-se com esquemas reguladores dos países ricos –, de redução dos gastos e austeridade fiscal e de "modernização" do Estado por meio da informática e da terceirização. Essas questões consistem apenas em uma parte do problema e não circundam a reforma do Estado em um processo integral. As políticas que visam à modernização estatal se baseiam em argumentos antiestatais e em uma mentalidade de curto prazo. A região latino-americana deu primazia às reformas administrativas que desarticularam as relações entre o governo e a sociedade, em lugar de implementar reformas que levassem a uma transformação substantiva do Estado.

As tendências antiestatais que estão em voga são aistóricas, empiricamente falsas e, com freqüência, contraditórias. Uma parte da opinião pública defende a panacéia universal do mercado, enquanto a outra reclama um papel mais ativo para o Estado como agente de distribuição e como eixo de unidade nacional. Ainda outra postura filosófica coloca a sociedade civil como protagonista do confronto com o Estado, ignorando, de modo conveniente, a relativa debilidade dos atores sociais na sociedade latino-americana ou a fragmentação das organizações da sociedade civil.

O ponto de partida para as novas relações entre o Estado e a sociedade é o fato histórico de que nenhum desenvolvimento nacional contemporâneo tem sido bem-sucedido quando foi omitido o papel preponderante do Estado. É verdade que chegamos ao final de uma época que se caracterizou principalmente pelo desenvolvimento nacional promovido a partir de dentro e na qual o Estado era indiscutivelmente o agente mobilizador, às vezes, incansável, de mudança. Embora a América Latina tenha testemunhado a emergência de um modelo de desenvolvimento estreitamente ligado às forças transnacionais de mercado, isso não demonstra uma insignificância da ação do Estado; ao contrário, mostra as transformações ocorridas em suas estruturas organizacionais de intervenção e a redefinição de suas relações com outros atores sociais.

Uma análise de casos reais da inserção do Estado em nova matriz sociopolítica revela que o princípio da "estaticidade" não perdeu validade. Em alguns casos, o Estado tenta criar uma matriz e, em outros, busca reforçar a consolidação da matriz emergente.[99]

De fato, a "estaticidade" deve ser, hoje em dia, uma estratégia muito mais significativa do que era sob a MSP estatal-nacional-popular. Com um mercado que possui papel integrador mais relevante, o Estado na América Latina precisa atualmente lançar mão de mecanismos muito mais sofisticados para induzir à obediência e alcançar a coordenação entre os atores sociais e internacionais. As restrições sob as quais o Estado opera mostram que este não pode apenas impor soluções.

Dessa forma, o que se requer não é uma redução simplista da função do Estado, mas sua modernização estratégica para poder promover uma ordem legítima e democrática, a descentralização, a reorganização da participação, de modo que continue sendo um agente central de desenvolvimento. A preocupação com novos problemas ou com as novas formas dos velhos problemas, como aqueles relativos à justiça, aos direitos humanos, ao meio ambiente e, principalmente, à erradicação da pobreza, se aplica à categoria de políticas governamentais ou "estatismo".

A descentralização do aparelho estatal não deve simplesmente fazer referência aos seus meios técnicos para aperfeiçoar o processo decisório, mesmo que isso seja necessário. As questões reais se referem à democracia local, às formas de governo e à autonomia regional, o que não pode ser confundido com as privatizações ou o enfraquecimento do poder do Estado. Em muitos países latino-americanos, o governo nacional transferiu a responsabilidade pelos serviços públicos para as autoridades municipais, mantendo uma supervisão central de todos os serviços e de seus padrões técnicos.[100]

---

[99] Esse ponto se assemelha à idéia de Guillermo O'Donnell em relação à necessidade de ampliar e aprofundar o "império da lei", nos lugares em que este está ausente ou é precário nas diversas esferas da sociedade ou nas sociedades completas. Ver O'Donnell (1994b:251-260) e Méndez, O'Donnell e Pinheiro (1999).

[100] Para o México, ver Rodríguez (1997). Para o Brasil, ver Souza (1997). Ver, também, Vellinga (1997), Spink e Bresser-Pereira (1998).

Um propósito prático tem sido aliviar os custos do Estado central, reduzir o déficit fiscal e transferir a responsabilidade pelo controle dos custos excessivos às entidades locais. O objetivo mais importante foi o de resolver problemas de representação partidária e designar uma cota de cargos públicos aos candidatos ao poder, o que reforçava as entidades municipais, a democracia local e a representação nacional. Os resultados das reformas de descentralização fiscal e política em países como o Brasil, Chile, Colômbia e Venezuela foram decisivamente mistos.

No Brasil, os programas foram transferidos às regiões sem as responsabilidades proporcionais na manutenção de seu financiamento, provocando sérias conseqüências para a governabilidade. Na Colômbia e no México, as reformas de descentralização, em várias regiões, geraram corrupção e administrações ineficientes como resultado da falta de pessoal bem treinado nos níveis locais, de mecanismos inapropriados de controle estatal e/ou da falta de organizações independentes da sociedade civil. Por sua vez, em outras regiões desses países e em outros países, como o Uruguai, a eleição popular de prefeitos e outras reformas de descentralização promoveram novos e importantes espaços para a democracia e a participação popular. As formas de participação local e regional e sua conexão com o Estado central serão um dos problemas fundamentais a serem resolvidos na nova MSP.[101]

Os ideólogos do neoliberalismo que favoreceram os severos ajustes estruturais estavam certos de que o mercado, através do subseqüente crescimento econômico, geraria automaticamente os recursos necessários para melhorar os padrões de vida. Mas isso não ocorreu em nenhum país da região. Os ajustes suprimiram o cordão de segurança das classes mais baixas e de alguns setores da classe média. A focalização dos problemas sociais requer a implementação de políticas específicas por parte de líderes comprometidos com instituições públicas coerentes, que distribuam recursos através dos gastos sociais.

A idéia de um "Estado subsidiário" – ou seja, subordinado à economia –, que operasse durante as primeiras fases do ajuste, trouxe consigo uma variedade de políticas assistenciais para serem aplicadas durante o seu período inicial e mais severo. Esses programas de "emprego mínimo" ou de "solidariedade" também funcionaram como mecanismos de controle social sobre os setores marginalizados da sociedade e como geradores de mudanças nas instituições estatais responsáveis pela implementação dessas políticas.

A crítica ideológica de ineficiência do Estado de bem-estar e a falência do Estado subsidiário abriram caminho para o assistencialismo seletivo (focalização), direcionado aos grupos chamados vulneráveis, o que pode ser observado na proliferação dos fundos emergenciais patrocinados por organizações internacionais.[102] Os progra-

---

[101] Diamond, Hartlyn e Linz (1999a:18-19); ver, também, Ward e Rodríguez (1999).
[102] Ver Tulchin e Garland (2000) e Santos (1994).

mas assistencialistas e a focalização, apesar do sucesso desta última, levaram a uma mudança na orientação do Estado e da sociedade em relação aos pobres. Estes deixaram de ser "atores" no que concerne às políticas sociais – inclusive com mecanismos que processavam suas demandas pela via da participação – para se transformarem em "beneficiários" de políticas focalizadas.

As instituições estatais que administravam os tradicionais serviços sociais de saúde, educação e habitação foram lentamente substituídas por organizações responsáveis pela seleção da população-alvo. Um exemplo pode ser o Progresa, no México, e o bolsa-escola, no Brasil, nos quais o recebimento do pagamento está diretamente condicionado à presença das crianças na escola e ao seu desempenho escolar; por sua vez, a bolsa é recebida pela mulher, chefe da família, em lugar do homem. Essa tendência desviou a atenção da necessidade de uma reforma integral do Estado, que diminuísse, a longo prazo, as diferenças de oportunidades de vida entre os grupos sociais.

Após alcançar uma poupança inicial, as políticas sociais focalizadas e a austeridade fiscal se transformam em um jogo de soma zero, no qual o empresariado e a direita política se opõem ao aumento dos impostos e dos gastos estatais. O Estado se encontra preso na contradição existente entre aceitar a responsabilidade pela melhoria das condições sociais sem, no entanto, ter os recursos para fazê-lo, fato que faz aumentar as críticas em relação à letargia e à ineficiência do Estado. Em suma, nenhuma política social (focalizada ou estrutural) pode ser efetiva se não se devolve ao Estado sua capacidade de influenciar o desenvolvimento nacional e sua capacidade real de alocação de recursos.[103]

A reforma do Estado não é simplesmente um dogma para reduzir seu tamanho e extensão; é necessário que seja o resultado de uma decisão em relação às funções e princípios desejados para a ação estatal. A solução não é simplesmente adicionar agências ou departamentos, sem alterar as velhas estruturas, nem afirmar que a poção mágica é reduzir o tamanho do Estado. O enfoque apropriado poderia ser que certas áreas, como a justiça e a redistribuição, precisam de mais recursos e funcionários, ou seja, um aumento no tamanho do Estado. Já em outras áreas, como a bancária e, em especial, a militar, seria recomendável a redução do Estado. Uma ação política cuidadosamente direcionada a potenciais ameaças terroristas pode ser necessária em alguns países latino-americanos – a Colômbia é obviamente uma situação muito mais complexa. Contudo, para a América Latina como um todo, a pobreza é a principal ameaça para a paz interna, o que indica, sob uma MSP emergente, a necessidade de redirecionar recursos estatais disponíveis de funções coercitivas para funções distributivas.

---

[103] Ver Huber (1995). Outros trabalhos relacionados são: Inter-American Development Bank (1993), World Bank (1997), Bradford (1994) e Kliksberg (1997).

A área da justiça é crucial para a definição das relações entre aqueles que são incluídos e os excluídos e para a definição de cidadania. A crítica mundialmente generalizada dos sistemas judiciais se baseia no argumento de que "a justiça favorece os poderosos", as pessoas comuns não têm acesso a ela e a justiça não tem sido capaz de acabar com a corrupção. Em outras áreas de políticas governamentais, as reformas são, em sua maioria, direcionadas para a modernização, a flexibilização burocrática, a descentralização e o treinamento. O Estado também precisa criar novas áreas de autoridade do Executivo e outras de autoridade reguladora. Esses desafios requerem novas estruturas (meio ambiente e propriedade intelectual); novas formas (comunicações, tecnologia de informação); e reconfiguração das instituições existentes (cultura, educação) em direção à regulação, orientação e avaliação, em lugar da implementação de novos programas. Por exemplo, o Plano de Segurança Nacional proposto pela administração de Fox, no México, descartou essencialmente que os desafios políticos internos enfrentados pelo regime fossem a principal ameaça à segurança.[104] Entretanto, essa preocupação é substituída pela apreensão em relação ao crime organizado nacional e internacional, ao terrorismo, à corrupção e à deterioração ambiental considerados riscos maiores. Dessa forma, estando o Plano baseado nesse tipo de questões, é necessário reformas significativas nas instituições de segurança nacional.

Não se trata mais de uma simples questão referente ao acesso a bens e serviços ou a sua cobertura. Até mesmo para os pobres, a questão também é: qual é a qualidade dos serviços de educação, saúde e justiça? Um ponto paralelo é o grau de participação cidadã institucionalizada nos programas centrais e descentralizados do governo. Em algumas áreas da ação do Estado, a democracia direta (eleição de funcionários) é apropriada, mas em outras é preciso reformar a estrutura estatal para permitir que haja uma representação não-corporativa nos pontos de entrega dos serviços e bens administrados pelo Estado. Em todos os casos, são essenciais a eficiência, a eficácia e a responsividade combinadas à *accountability* e à transparência.

Finalizando, se o Estado era o principal agente de desenvolvimento e de integração social na MSP estatal-nacional-popular, além de ser o principal referencial da ação coletiva, as sucessivas reformas ligadas à tentativa de impor um novo modelo neoliberal de desenvolvimento têm buscado reduzir o papel do Estado e transformá-lo tanto em uma ferramenta que torne viável o novo modelo, como em um agente que incentive a globalização. Diante dessa tentativa, têm surgido novas tendências, que visam devolver ao Estado seu papel diretivo, regulador e protetor. O que está em jogo nas atuais reformas de Estado nos diversos países é precisamente a confrontação entre essas duas visões. A futura matriz sociopolítica irá depender, em grande parte,

---

[104] Ver Méndez et al. (1999) e Zinser (2001).

da forma como essa questão for resolvida, enquanto o caráter democrático do regime não se torne a questão central.

Sistema de partidos políticos

Uma "estaticidade" bem-sucedida requer que os atores sociais acreditem, de alguma maneira, que o Estado lhes pertence. Essa identificação se manifesta geralmente nos mecanismos de representação como o sistema partidário. Entretanto, a região como um todo tem sido marcada por sistemas de partidos extremamente instáveis e com altos graus de volatilidade, o que sugere a tendência a uma crescente perda de institucionalização e coerência.

Historicamente, a América Latina tem apresentado graus consideravelmente maiores de volatilidade eleitoral do que as democracias européias; essa volatilidade sofreu importante aumento entre os anos de 1980 e 1990, com grande variação entre os países. Há evidências de que existem importantes explicações para esse fato, o qual condiz com a estrutura da nossa matriz. As explicações incluem fatores econômicos, como a alta variabilidade das taxas de inflação e de crescimento; fatores institucionais relacionados particularmente à idade dos partidos, mas também relacionados às descontinuidades das regras eleitorais ou de seus padrões; e, em menor grau, a fatores da estrutura social referentes ao declínio da densidade sindical.[105]

Os países com um sistema de partidos mais estável ou mais antigo na região são Colômbia, Honduras e Uruguai; no caso, os dois primeiros estão também marcados por descontinuidades oligárquicas. Contudo, tanto nos três países quanto na maioria dos países latino-americanos, as práticas clientelistas se mostraram extremamente resistentes. No entanto, os sistemas partidários construídos em torno das mobilizações trabalhistas têm apresentado muito mais erosão partidária, volatilidade e/ou mudanças programáticas.[106]

Atualmente, a questão central referente aos partidos políticos não é simplesmente sua continuidade, contudo, mais fundamentalmente, é a capacidade da sociedade em construir fortes sistemas partidários, capazes de restabelecer os laços com uma sociedade cada vez mais fragmentada e desiludida, que apóiem e respondam as demandas e queixas de um Estado praticamente desmantelado. É evidente que as cri-

---

[105] Roberts e Wibbels (1999).

[106] Roberts e Wibbels (1999:575-590, ver principalmente a p. 585). Ver, também, Coppedge (1998). Durante os últimos anos, o sistema partidário colombiano experimentou queda e atomização do bipartidarismo, combinadas com a crescente presença de terceiras forças altamente fragmentadas. Isso ficou evidente, principalmente, na eleição presidencial de Álvaro Uribe em 2002 – um liberal que desafiou, com êxito, a estrutura de seu próprio partido e recebeu o apoio de muitos conservadores. Ver Bejarano e Pizarro (2001).

ses dos sistemas partidários e da representação política da região ainda estão presentes na década atual, apesar de terem variado seus desafios e respostas entre os países. Em alguns casos, o problema crucial é a construção de partidos políticos sólidos, que demonstrem um mínimo de critério a respeito do que é um partido político em termos de representação, aparência e projeto e sua capacidade de governar, de se opor e de construir alianças. É possível que grupos sociais ou determinadas temáticas não tenham representação nos países em que não existem partidos propriamente reais. Alternativamente, estes serão representados apropriada e artificialmente por atores provenientes da mídia, da indústria do entretenimento, dos esportes, das forças armadas ou de algum outro grupo "antipartido" ou de *lobby*, que possuam ambições políticas e influência social. Os casos peruano, equatoriano e venezuelano ilustram de forma precisa a necessidade da criação de partidos políticos viáveis.[107]

Em outros países, existem partidos enquanto tais, mas o desafio de consolidar um sistema partidário que represente todo o espectro ideológico ou os diferentes setores sociais ainda existe. Entretanto, há contrastes significativos. Em alguns casos, sistemas multipartidários parecem estar surgindo com diversos pontos de partida. No Uruguai, por exemplo, a dicotomia tradicional entre o Partido Nacional e o Partido Colorado foi substituída por um esquema tripartidário, com a presença de ampla coalizão de esquerda, o Frente Amplio, capaz de ganhar as eleições nacionais. No México, a hegemonia unipartidária tradicional do PRI foi eficientemente superada com o surgimento de um sistema multipartidário, que inclui o Partido de Acción Nacional (PAN) e o Partido de la Revolución Democrática (PRD). Essa incrível transformação política levou à primeira derrota do PRI nas eleições presidenciais, quando o presidente Vicente Fox assume o governo em 2002. Enquanto isso, na Argentina e no Paraguai, após períodos que sugeriam a emergência bem-sucedida de um sistema multipartidário, os países parecem estar agora retornando à virtual dominação de um partido hegemônico. Na Argentina, seria o resultado da volta do peronismo (Partido Peronista ou Partido Justicialista) ao poder, após o colapso do governo da coalizão da Alianza, com a demissão do presidente Fernando de la Rua, no final de 2001, e a efetiva derrocada dos partidos que o apoiavam, a Unión Cívica Radical (UCR) e o Frente del País Solidário (Frepaso). No Paraguai, a política partidária parece ter se reduzido à competição, às vezes turbulenta, entre as diferentes facções do Partido Colorado. Existe ainda outro contexto no qual os partidos e o sistema partidário estão consolidados, ou seja, não há novos partidos e os existentes interagem entre si, porém o problema é a reconstrução dos laços com a sociedade, com o eleitorado e com a opinião pública. Esse parece ser o caso chileno.

---

[107] Ver Mainwaring (1999), Cavarozzi e Medina (2002), Payne, Zovatto, Flores e Zavala (2002).

A institucionalização do sistema partidário, em si mesma, não é estática, como têm demonstrado, de forma dramática, os casos do colapso da Acción Democrática (AD) e do Comitê de Organización Política Electoral Independiente (Copei) e da emergência do movimento chavista na Venezuela. A institucionalização responde a mudanças econômicas, a novos movimentos sociais, a características institucionais e os laços existentes entre os grupos e os partidos na sociedade. Na última década, houve uma verdadeira transformação na forma como os cidadãos e grupos sociais percebem e se relacionam com os líderes políticos, o que desafia a idéia básica do partido político. Algumas dessas mudanças se baseiam em questões de populismo político e "movimentismo". Outras, entretanto, refletem as atitudes dos atores nas democracias mais ricas, como o declínio na credibilidade no governo. A desconfiança quanto ao Legislativo, ao Judiciário ou ao Executivo não existe unicamente na América Latina.[108]

Para concluir, podemos destacar duas tendências positivas que, ao mesmo tempo, apresentam dilemas e riscos próprios. Uma delas surge durante os anos 1990, quando alguns sistemas partidários enfrentaram, com êxito, os riscos do imobilismo sob o presidencialismo, mediante a construção de coalizões de governo relativamente estáveis. Como exemplos, temos o Uruguai; a Bolívia, principalmente, em torno do Movimento Nacionalista Revolucionário (MNR); no Brasil, nos dois períodos presidenciais de Fernando Henrique Cardoso; e, principalmente, no Chile, com a *Concertación* de centro esquerda do Partido Democrata Cristiano (PDC), o Partido Radical (PR), o Partido por la Democracia (PPD) e o Partido Socialista (PS). No Chile, a *Concertación* surge a partir de um grupo de partidos que, juntos, promoveram o fim do autoritarismo e o estabelecimento de uma estável coalizão de governo: quatro presidentes, inclusive Ricardo Lagos e Michelle Bachelet – os primeiros de esquerda desde o golpe, em 1973 –, governaram o país de 1990 até os dias de hoje.

A segunda tendência positiva pode ser observada no Brasil. O país vivenciou um processo de consolidação partidária, que gerou, de acordo com Rachel Meneguello, um círculo "virtuoso" entre a representação, o desempenho eleitoral e a governabilidade. Esse círculo inclui um *feedback* do impacto positivo da representação dos partidos políticos no governo ao seu desempenho eleitoral. Nas duas administrações de Cardoso, houve duas áreas principais de consolidação. Uma foi em relação à participação partidária no Congresso, o que permitiu que os partidos ganhassem representação ministerial. Os partidos governistas definiam os "territórios partidários" dentro do Estado, quer dizer, os mecanismos de controle partidário sobre ministérios e recursos setoriais que se mantiveram durante toda a administração. Essas áreas de articulação influenciaram a segunda área-chave da consolidação: a progres-

---

[108] A respeito do "movimentismo", ver McGuire (1997). As exceções incluem o Chile e o Uruguai.

siva institucionalização interna dos partidos.[109] O triunfo do presidente Luiz Inácio Lula da Silva, do Partido dos Trabalhadores (PT), nas eleições presidenciais de 2002, abriu caminho para a possibilidade de uma plena integração do sistema partidário brasileiro. Esse sistema partidário encontrava-se praticamente dividido em dois campos: um, integrado pelos herdeiros dos partidos criados pelas forças armadas durante o recente regime militar e suas múltiplas divisões; e o outro, conformado pelo PT, que, mesmo tendo alcançado cargos nos estados e municípios, ainda mantinha, até a vitória de Lula em 2002, um discurso anti-sistema.

Ao mesmo tempo, essas duas tendências apresentam riscos. As coalizões de governo têm sido, em geral, um pouco frágeis, como se observou na Bolívia e no Uruguai, no ano 2000. Entretanto, a experiência latino-americana, incluindo a brasileira, também demonstra que não é desejável que os partidos políticos se transformem em simples administradores da *res publica* e abandonem ou considerem irrelevante qualquer tipo de representação baseada na identificação ou conexão ideológica entre seus eleitores. Em um contexto no qual diversos partidos se definem igualmente como ideologicamente pragmáticos e, de fato, todos compartilham uma visão econômica similar, há o perigo de que, em última instância, os partidos acabem não representando ninguém, exceto eles mesmos em suas demandas por cargos e influência.

Ideologia e partidos políticos

Historicamente, o grau em que a ideologia penetrava nos partidos políticos variou consideravelmente na América Latina, apesar de estar, hoje em dia, aparentemente em declínio.[110] No Chile, a polarização social expressava-se claramente no sistema partidário e, na Argentina, havia forte superposição entre classe e filiação partidária. O Frente Amplio, que surge no Uruguai nos anos 1970, transformou o que havia sido um sistema bipartidário com um partido dominante, em um sistema de dois e meio ou três partidos. Contudo, como foi observado, grande parte da história moderna do Uruguai, da Colômbia e de Honduras caracterizou-se pela presença de partidos não-ideológicos, baseados em fortes identidades partidárias tradicionais, o que evitou que se convertessem em simples máquinas eleitorais do tipo *catch all*. O Peru, primeiro, com o Apra e, depois, com o mais efêmero auge da Izquierda Unida (IU), também experimentou políticas partidárias ideológicas com grau considerável de apoio popular eleitoral, mesmo que o resultado final tenha sido a pulverização dos partidos, principalmente os de esquerda. No Brasil, em meio a um profundo subde-

---

[109] Ver Meneguello (2002).

[110] A respeito dos partidos políticos, ver Cavarozzi (1986), Valenzuela e Valenzuela (1986:184-229), Cavarozzi e Garretón (1989), Nohlen (1993), Mainwaring e Scully (1995) e Mainwaring (1999).

senvolvimento partidário e a um sistema de partidos altamente fragmentado, o PT dava a impressão de ser o autêntico partido dos pobres, e o sistema em geral parecia mudar para dois blocos ao redor de coalizões lideradas pelo PT e o PSDB. Nos outros países que apresentam certa experiência democrática, como a Costa Rica e a Venezuela, os partidos dominantes com fortes laços trabalhistas – o Partido de la Liberación Nacional (PLN) e Acción Democrática (AD), respectivamente – funcionavam como um sistema bipartidário até fins dos anos 1990.

A crescente superposição das orientações programáticas dos partidos, como resultado da ausência de identidades partidárias tradicionais, levou a que estes se assemelhassem cada vez mais aos partidos *catch all* europeus. Todos esses países também se caracterizaram, em maior ou menor grau, por relações de tipo clientelista, nas quais se trocavam benefícios particulares por votos.

Os partidos ideológicos ou ideologizados direcionaram seus apelos e esforços de mobilização aos grupos sociais que possuíam suas próprias organizações e associações auxiliares. Esses sindicatos, associações profissionais e culturais e ligas camponesas têm desempenhado importante função na organização dos interesses da sociedade civil, sendo o caso do Chile o mais notável na América Latina. Em geral, quando a consolidação dos partidos políticos, enquanto organizações eleitorais com representação legislativa, é anterior ao desenvolvimento de um Estado forte ou da organização dos interesses sociais – como no caso da Colômbia, Chile e Uruguai –, os partidos tendem a se tornar poderosos intermediários entre a sociedade civil e o Estado; por sua vez, quando fortes instituições estatais precedem o desenvolvimento partidário, como no Brasil, os partidos geralmente não assumem essa função.

Em uma MSP emergente, um sistema partidário efetivo requer que os partidos alcancem amplos setores da população com apelos variados. Na experiência histórica latino-americana, os partidos que se apoiaram unicamente em apelos ideológicos ou programáticos encorajaram, em alguns casos, sectarismos excessivos e polarização social. Entretanto, aqueles que se basearam, quase exclusivamente, em práticas clientelistas, ou em benefícios materiais específicos, geraram processos políticos extremamente corruptos e cínicos, que provocaram a apatia de alguns atores ou levaram ao emprego de canais eleitorais externos como forma de expressar suas demandas políticas. Durante os anos de Allende, os partidos políticos chilenos se aproximaram do primeiro caso; nas últimas décadas, os tradicionais partidos colombianos se assemelham ao segundo.

O declínio do conteúdo ideológico dos programas partidários e dos esforços coletivos de mobilização das máquinas partidárias se dá por diversas razões. Os partidos socialistas ou populistas, como o AD, na Venezuela, o Peronista, na Argentina, e o Socialista, no Chile, defendem, com algumas variações, a economia de livre mercado. Outros partidos, como o PRI, no México, aceitaram, com ressalvas, a economia neoliberal como fato consumado e buscaram conciliá-la com as velhas propagandas e plataformas do partido. A discrepância entre as promessas de campanha e as políticas austeras, em contexto de contínuas crises fiscais, gerou uma divergência ainda mais acirrada entre o que o governo dizia e o que fazia. Em outro nível, existem razões para acreditar que o giro em direção a políticas cada vez mais orientadas pelo mercado e a redução da função do Estado na economia erodiram as capacidades clientelistas e ideológicas dos partidos políticos – em termos de programas de bem-estar populistas ou socialistas – e fortaleceram outras formas de clientelismo não diretamente relacionadas com os partidos.

Estamos assistindo, na América Latina, à transformação da política ideológica global em discursos, às vezes programáticos, de escopo mais limitado. Isso parece fazer parte de um fenômeno mundial, mas é diferente do ressurgimento do forte nacionalismo dos Estados bálticos, do vigoroso fundamentalismo islâmico ou mesmo das limitadas expressões de milenarismo da região, como o caso do Sendero Luminoso no Peru. A decadência das políticas ideológicas globais não parece significar sua substituição por estáveis e coerentes mobilizações religiosas, nacionais, étnicas ou baseadas em identidades.

É provável que, em países que anteriormente experimentaram uma amarga polarização – em especial, o Chile –, a maior confiança nos instrumentos políticos seja vista positivamente. No entanto, mesmo os países que não tiveram uma política particularmente ideológica ainda mantêm uma política fortemente fragmentária, na medida em que as possibilidades de ficar fora ou dentro do controle do Estado, principalmente nos sistemas de eleições presidenciais em que o ganhador leva tudo (*winner takes all*), são igualmente altas – as guerras civis da Costa Rica e da Colômbia são testemunhas. Contudo, como vimos anteriormente, a desideologização da política pode ser um sintoma da decadência do sistema de partidos e uma aproximação ao personalismo e ao clientelismo, em lugar de um amadurecimento institucional.

Como conseqüência da política, vista, em termos exclusivamente instrumentais, como luta pelo controle do Estado e dos recursos de poder limitados, podemos chegar a passar da despolarização para a despolitização, a apatia, a resignação e o abandono da política partidária. Evidências indicam que isso está ocorrendo nos países que mais se aproximam da "normalização", como o Chile, e naqueles marcados pela "personalização", como a Argentina. Nos países onde a transição para governos democráticos é recente, esse processo não significou a rejeição às práticas democráticas a curto prazo, apesar do aumento da insatisfação. O descontentamento público em relação aos políticos e aos partidos pode ser manipulado para que certas ações antidemocráticas ganhem força, como fez Fujimori, no Peru, ou os bolivarianos, na Venezuela.

Em suma, se o sectarismo e a polarização podem ser considerados o lado escuro da política ideológica do período anterior, o cinismo, a corrupção e a mobilização episódica de cólera podem transformar-se rapidamente no lado escuro da pragmática e instrumental política contemporânea.

Comunicação e corrupção

Qualquer futura MSP deverá resolver as questões referentes à qualidade da política em um contexto definido pela globalização e pela trivialização. Alguns temas cruciais, que se basearam anteriormente apenas na política – por exemplo, a propriedade fazia parte de todos os projetos dos partidos de esquerda –, tendem a desaparecer de sua agenda. Entretanto, novas questões que emergem das demandas sociais são tomadas em conta pelos atores políticos, que, em geral, não são capazes de responder efetivamente a elas. Analiticamente, isso também pode ser entendido como resultado do desafio enfrentado pelos partidos e sistemas partidários com base em diferentes clivagens e projetos, que são forçados a se acomodar às novas clivagens e projetos emergentes.

É cada vez menos possível, para os que detêm o poder público ou privado na região, isolar a população das principais tendências mundiais, principalmente pelo fato de a América Latina estar tão efetivamente integrada às redes norte-americanas dominantes. Esse fato, anteriormente mais relacionado às elites econômicas da região, agora vale também para aqueles setores da sociedade que têm acesso à televisão e para os setores médios que regularmente viajam ao exterior, se comunicam via correio eletrônico e utilizam a internet. A rapidez na comunicação tem efeitos profundos no processo decisório dos Estados, já que os líderes políticos, burocratas e os atores sociais buscam apoio, informação e recursos de fora para promover suas carreiras.

Internamente, um dos efeitos políticos mais significativos da revolução das comunicações ocorre na administração das campanhas eleitorais. A complexidade, sofisticação e os custos da campanha têm aumentado acentuadamente. A mídia e, em particular, a televisão são sócios comprados para projetos que vão desde propaganda ideológica, geralmente focalizada, até manipulação da imagem e pacotes persuasivos para indivíduos de todos os estratos sociais. Por exemplo, é irônico que o Chile, um país que aparenta ser paradigma de organização partidária, careça de leis que regulem as campanhas e as finanças partidárias.

O papel do dinheiro na política e a corrupção política estão relacionados. Qualquer discussão inteligente sobre a mutante função da corrupção na política latino-americana é interrompida por uma questão ainda mais importante: não existem medições precisas de suas dimensões e é difícil afirmar com segurança que, de fato, existe maior ou menor corrupção atualmente do que em períodos anteriores. Na maioria dos países da América Latina, a falta de confiança no Legislativo e no Judiciário está fortemente relacionada à corrupção. Ao mesmo tempo, existem razões para acreditar que a tolerância política é ainda muito menor, até mesmo em países onde deve haver, hoje em dia, menores índices de corrupção. Além do mais, o impacto político das acusações de corrupção é maior agora no continente do que em momentos anteriores, o que pode ser observado nos casos de Collor de Mello, no Brasil, Carlos Andrés Pérez, na Venezuela, Serrano, na Guatemala, Menem, na Argentina, e Fujimori, no Peru.

A corrupção é comumente entendida como a apropriação de bens públicos para ganho ilícito privado.[111] Também tem sido associada a um grande Estado, em particular, com empresas e organizações estatais dedicadas à licitação das obras e dos contratos públicos e com a supervisão de extensivas e complexas práticas reguladoras. Dentro da região, o México é excelente exemplo disso. Teoricamente, depois que o Estado desregula e se libera das empresas de administração estatal, as práticas corruptas podem ser minimizadas. Entretanto, dependendo de como foi levado a cabo, o processo de desregulamentação – quem recebe informação e quando – e, principalmente, a privatização de bens estatais – o que é vendido e por quanto – têm sido particularmente permeáveis a práticas corruptas. As privatizações ocorridas no Chile, durante o governo de Pinochet, na Argentina, sob o de Menem, e no México, no governo de Salinas, são exemplos desse tipo de corrupção. Em teoria, os países que já desregularam e venderam as empresas estatais deveriam ter menores oportunidades de corrupção em comparação ao período anterior, porém esse não foi o caso dos países onde a corrupção era prévia às privatizações. Além disso, o caso de Fujimori, no Peru, demonstra a extensão que a corrupção pode alcançar na busca por benefícios ou por retenção de poder estatal mesmo depois das privatizações.

Há, ainda, outra dimensão que é amplamente associada à corrupção: o clientelismo, o nepotismo e o favoritismo inerentes, até certo ponto, às práticas de todos os partidos políticos ao redor do mundo. A desconfiança quanto aos políticos e a identificação da política como corrupta são evidentes tanto nos sistemas fracos, fragmentados e multipartidários, como é o caso do Brasil, como nos fortes sistemas partidários, como o venezuelano pré-1998. Em ambos casos, não se observam a efetiva participação nos assuntos partidários nem responsividade por parte dos líderes com algum grau de *accountability*. A classe política chilena, por outro lado, em comparação, principalmente, com outros países da região, não foi amplamente desafiada por acusações de corrupção e seu sistema partidário, mesmo que criticado, permanece

---

[111] Sobre corrupção, ver Scott (1972), Klitgaard (1988), Theobold (1990), Morris (1991), Ballén (1994), Little e Posada-Carbó (1996) e Manzetti (1994).

legitimado nas pesquisas de opinião. Entretanto, somente uma análise detalhada de país por país, que considere tanto o Estado como as dimensões partidárias, pode determinar decisivamente se, no período atual de democratização e de reformas econômicas neoliberais, a corrupção tem aumentado ou diminuído realmente.

O que está claro é que o impacto político da percepção da existência de corrupção tem aumentado. O incremento desse impacto não pode ser reduzido a um único fator. As explicações remetem inicialmente ao contexto de democratização continental pós-guerra fria e, depois, o relacionam com a emergência de novas figuras políticas no poder, algumas das quais baseiam suas campanhas eleitorais em promessas de honestidade, como fizeram Collor de Mello, no Brasil, e Salvador Jorge Blanco, na República Dominicana. Outras explicações para o aumento do interesse em relação à corrupção se concentram na crise fiscal do Estado, na natureza das privatizações, no impacto das crises econômicas nos setores médios, na crescente independência da mídia, no apoio de redes transnacionais aos emergentes grupos de controle da sociedade civil em vários países e no aumento do valor das campanhas eleitorais. Em alguns casos, o fascínio pelo poder em contextos de extrema personalização dos privilégios presidenciais pode ter levado a que atores-chave sentissem que não eram vulneráveis, o que, na verdade, não era certo.

Em períodos de severas mudanças políticas, o acesso ao poder para os empresários se torna especialmente importante, sobretudo para aqueles que fornecem bens e serviços para o Estado ou esperam chegar a fornecer. As ligações corruptas ou semicorruptas através dos politicamente poderosos ou economicamente bem-sucedidos se torna, com freqüência, mais visível quando ingressam novos grupos ou atores no poder. Nesse contexto, as "regras" de acesso podem ser modificadas e ser permitido a alguns atores participar do jogo. As queixas, algo hipócritas, se fazem públicas por aqueles que ora não participam mais do jogo, mas o faziam até então, ou como conseqüência do declínio da sofisticação nas transações econômicas.

Esse processo que emerge "de cima" é reforçado pelo que ocorre "em baixo" – como acontece principalmente nos países afetados por sérias crises fiscais e onde os salários dos funcionários públicos foram desvalorizados consideravelmente, levando-os a buscar outras fontes de renda e, em alguns casos, a aceitar propinas para aumentar seus salários. Essa corrupção de "nível inferior", por sua vez, ajuda a ampliar a percepção de corrupção generalizada. Assim, os setores dos grupos médios, cujos padrões de vida foram os mais afetados pela crise econômica, tendem a concentrar sua atenção em questões de corrupção e de impunidade, em especial em contextos de crime mais generalizado e de sistema judicial inoperante. Entretanto, a extensão do emprego da corrupção é função do poder político dos atores nela envolvidos. Por exemplo, enquanto Salinas estava no poder, ele e seus familiares estavam imunes ante qualquer denúncia de corrupção; fora do poder, acabaram presos ou exilados.

Collor de Mello no Brasil, ao inverso de Ernesto Samper, na Colômbia, era vulnerável a um processo de destituição do cargo com base em denúncias de corrupção, como resultado, em parte, de seu relativo isolamento político, refletido no fato de não comandar um partido que tivesse maioria no Congresso. Menem, da Argentina, e Fujimori, do Peru, não foram cassados por autoridades judiciais até que deixassem seus cargos presidenciais. No Chile, o Congresso foi proibido de investigar as denúncias de corrupção sob o governo de Pinochet e a administração de Frei não deu seguimento ao caso dos cheques que envolviam a família Pinochet, até ele e sua família serem formalmente investigados 15 anos depois de ele ter deixado a presidência.

Os meios de comunicação de massa geram dois efeitos contraditórios.[112] Por um lado, a mídia limita a capacidade de o Estado afastar os cidadãos das idéias ou acontecimentos que ocorrem no mundo ou até mesmo em seu próprio país. Por outro lado, o Estado em conjunto com as pesquisas públicas de opinião podem representar poderosas ferramentas de manipulação. Estratégias de mídia focalizadas e esforços reais ou manipulados podem mobilizar os votos do crescente número de "pobres não organizados".

A comunicação de massa tem desempenhado papel fundamental em alguns contextos, como no Brasil e na Venezuela, trazendo à tona incidentes de corrupção e a aparente impunidade dos atores envolvidos. Na medida em que a mídia latino-americana tem-se tornado mais independente do Estado e mais dependente dos índices de audiência relacionados a questões sensacionalistas, esta tende a se concentrar mais na temática da corrupção pública e a desviar, assim, a atenção dos casos de ligações do setor privado com a corrupção. Paradoxalmente, a crescente importância da mídia está diretamente relacionada ao aumento dos custos das campanhas eleitorais. Muitos políticos, inclusive, alegam que sua práxis corrupta se relaciona mais com atividades eleitorais do que com o objetivo de enriquecimento pessoal, porém uma não exclui a outra.

Grandes quantias de dinheiro conseguidas de forma irregular ajudam a denegrir o processo democrático e, como ocorreu na Colômbia, sob Samper, sempre fica a dúvida a respeito do que esse dinheiro pode ter comprado. O Peru, de Fujimori, é um exemplo ilustrativo de como, na ausência de um Legislativo efetivo e do controle judiciário, o poder pessoal do presidente deixa uma porta aberta para práticas corruptas.

A maior conscientização concernente à corrupção sob essas circunstâncias não leva necessariamente à sua diminuição, apesar de potencializar a retórica moralizante e, às vezes, transformar personalidades previamente poderosas em bodes expiatórios.

---

[112] Sobre meios de comunicação de massa, ver Carnoy et al. (1993), McAnany e Wilkinson (1996). Sobre mídia e democracia, ver Fox (1988), Raboy e Dagenais (1992), Filgueira e Nohlen (1994).

Assim, existem direções contraditórias na região: enquanto a desregulamentação e a privatização limitam certas oportunidades de corrupção, outras são criadas paralelamente. Entretanto, a corrupção não envolve somente o setor público como também o setor privado. Se o Estado não gerar controles adequados e capacidades de regulação, a corrupção só poderá ser substituída por práticas oligopólicas predatórias, em benefício de corporações ou de indivíduos do setor privado – sem esquecer as fraudes com ações sofridas por investidores desprevenidos. Se o caso da desonrosa falência da Enron, em 2002, demonstrou o poder do dinheiro na obtenção de maior flexibilidade nas leis reguladoras nos Estados Unidos, ainda há vários exemplos na região e no mundo que mostram como o livre mercado e as pequenas economias estatais oferecem oportunidades aos atores privados e às corporações para corromper funcionários e políticos através do financiamento das campanhas eleitorais, do *lobby* e da cobrança seletiva de impostos.

Ainda falta analisar se os hábitos corruptos irão sobreviver na América Latina em uma nova MSP ou se os cidadãos preocupados, os partidos políticos e o jornalismo independente do Estado e dos interesses privados poderão conter a corrupção, mediante a maior cooperação com as autoridades judiciais, mesmo que velhos padrões percam força e que as oportunidades diminuam. O cenário mais otimista consistiria em que uma população enraivecida expressasse em voz alta suas preferências democráticas e exigisse maior virtude cívica de seus líderes. Apesar de existirem sinais desse fenômeno, as raízes da corrupção ainda são significativas.

Governabilidade

A última questão relacionada à transformação do Estado, dos partidos e da política se refere ao termo governabilidade.[113] Nossa argumentação se baseia em uma relevante modificação e ampliação de seu significado convencional. A origem do conceito de governabilidade pode ser entendida como reacionária, na medida em que emerge da explosão das demandas sociais e representa uma resposta à redução do Estado, a sua atomização e, em casos extremos, à repressão, expressa na retirada dos elementos de pressão dos atores. Atualmente, a governabilidade não se refere a um princípio abstrato, mas a um tipo de regime específico, ou seja, se refere à governabilidade democrática. Por sua vez, não se refere à redução do Estado ou à diminuição de sua capacidade de representação pela via dos partidos políticos, com o objetivo de sufocar incipientes demandas nem fragmentar possíveis atores conflitantes ou restringir os mecanismos democráticos. Ao contrário, a governabilidade deve ser entendida como

---

[113] Para a discussão clássica sobre governabilidade, ver Huntington (1968). Ver, também, Alcántara Sáez (1994).

o fortalecimento da capacidade de liderança do Estado, da representação partidária, da autonomia e da dotação de poder dos atores sociais e o aprofundamento das instituições democráticas. Em outras palavras, assim compreendida, a governabilidade é um conceito normativo que envolve o estabelecimento ou a recomposição de uma matriz sociopolítica com aquelas características altamente qualificadas. Contudo, os casos de "esvaziamento da política" de alguns países da América Latina – onde a população abdica de seu poder decisório para líderes políticos, os quais podem ocasionalmente ratificar seu poder mediante eleições, levando a um retorno à apatia, à despolitização generalizada em relação aos assuntos públicos centrais ou ao consumo – se opõem a nossa compreensão de governabilidade.

A dimensão sociocultural

A decomposição da MSP estatal-nacional-popular acarretou mudanças profundas para os atores sociais, para os movimentos sociais e para o modelo sociocultural.[114] Sob as ditaduras militares, a ação social continha significados mistos. O primeiro desafio consistia em reconstruir o tecido social destruído durante o período autoritário e a reforma econômica. O segundo se caracterizava pela politização de todas as demandas para que o significado de qualquer ação fosse o fim do autoritarismo. A relação dos movimentos sociais com a política e com o Estado se modificou significativamente, como conseqüência da maior autonomia e simbologia dos grupos e de sua tendência em substituir as demandas instrumentais e materiais pela afirmação de suas próprias identidades.

A evolução da ação coletiva durante esses regimes pode ser vista, em primeiro lugar, como autodefesa e sobrevivência; depois, como oposição aos procedimentos militares e como demanda pela volta da democracia e, finalmente, como exigência de uma função política na transição.

O fato de desafiar as bases constitucionais e legais do poder militar fortaleceu a autonomia e a confiança dos grupos sociais. Esse processo foi responsável pela "ressurreição da sociedade civil" e pelo surgimento do debate acerca dos "novos movimentos sociais".[115] Em alguns casos, essas expressões da sociedade civil ficaram na defensiva ante o novo modelo econômico, que destruiu posições alcançadas sob a

---

[114] Ver, entre outros, Cavarozzi et al. (1989), Corradi, Fagen e Garretón (1992), Jelin e Hershberg (1996) e Eckstein (2001).

[115] Sobre sociedade civil, ver Stepan (1985, 1989), Pérez Días (1993), Avritzer (1994), Oxhorn (1995), Garretón (2002b). Sobre "novos movimentos sociais", ver Cohen (1983), Mainwaring e Viola (1984), Mainwaring (1987), Misztal e Misztal (1988), Tilly (1988), Fuentes e Frank (1989), Escobar e Alvarez (1992), Stavenhagen (1996), Larana, Johnston e Gusfield (1994).

MSP estatal-nacional-popular. Em outros casos, a mobilização desses grupos chegou ao seu auge, quando os sistemas autoritários suavizaram as formas normais de expressão política e os grupos romperam seus laços com o sistema partidário, ao passo que articulavam sua agenda pública ao redor de novas temáticas, como: gênero, religião, etnia, questões ecológicas, identidade regional, segurança urbana e temas relacionados com a economia informal. Mas essas significativas e drásticas mudanças não provocaram o aumento da autonomia e da estabilidade desses atores e, certamente, não universalizaram um sistema de representação no período pós-autoritário.

Como analisamos anteriormente, as transformações estruturais combinadas ao poder ideológico do neoliberalismo foram tão decisivas quanto os atos mais repressivos dos regimes autoritários, que visavam desarticular a MSP estatal-nacional-popular. Além das capacidades repressivas dos regimes autoritários, sua competência em descartar o anterior modelo sociocultural também influenciou as orientações coletivistas, estatistas e politizadas da classe média e dos setores populares. Esses regimes substituíram rapidamente essas orientações por uma ideologia neoliberal, que enfatizava o individualismo não só como estratégia para lidar com o mercado, mas como paradigma para a sociedade como um todo. A ideologia neoliberal também chamava a atenção para a auto-regulação social e para a descentralização como substituição da representação política.[116]

As transformações relacionadas com a desarticulação da matriz sociopolítica provocaram mudanças significativas na natureza dos atores, dos movimentos sociais e no modelo sociocultural latino-americano. É evidente que uma nova MSP implica um maior afastamento entre a política e a economia. O mais aparente é a ruptura com o antigo modelo; contudo, ainda falta que surjam novas formas sociopolíticas de controle e de regulação sobre o mercado.

Existem razões para acreditar que não surgirá um novo movimento social central que dê significado à multiplicidade de movimentos sociais que operam atualmente nos países da América Latina. Como observamos, o movimento social nacional popular foi importante para a velha MSP, e a luta pela transição democrática gerou um movimento social democrático. Contudo, na maioria dos países que atravessaram transições democráticas, os processos e os atores políticos foram cruciais nos esforços de ação social que visavam evitar um regresso autoritário, até mesmo quando o foco na estabilidade econômica privilegiava as necessidades da reestruturação econômica e enfraquecia a ação coletiva, que poderia desafiar sua realização.

Hoje em dia, ainda existem pelo menos três problemas que limitam as possibilidades de surgimento de um novo movimento social central. Primeiro, o aumento da

---

[116] Para análise paralela, ver Garretón (1996).

pobreza e o aparecimento de um novo tipo de exclusão social. Há uma contradição entre os que operam "dentro" dos sistemas socioeconômicos e políticos, sem que tenha importância a sua posição relativa internamente, e aquelas categorias, atores ou movimentos que se encontram do lado de "fora". Embora estes possam penetrar no sistema de diversas maneiras, a distância existente entre os que estão "dentro" e os que estão "fora' dificulta a organização da ação coletiva. Por sua vez, o modelo de modernidade é questionado não somente pelos grupos marginalizados, mas também por aqueles que participam dentro do sistema em posições subordinadas.

As mulheres, os jovens, os grupos indígenas e, especialmente, os pobres são exemplos de categorias que são atravessadas pelas contradições entre "dentro e fora", mesmo que em termos culturais estes sejam integrados através da mídia. Os que se encontram fora do sistema, concentrados em setores rurais, grupos indígenas e os pobres urbanos são vistos, por muitos dos que estão dentro, como desnecessários e supérfluos. Atualmente, com poucas exceções, não existem correntes ideológicas importantes ou organizações políticas, como nos anos 1970, que tomem essa gente deliberadamente em conta.

Segundo, a construção de novas relações entre o Estado e a sociedade gera novas dificuldades para o surgimento de um movimento social central. A velha matriz caracterizava-se por fusionar diferentes problemas e dimensões da sociedade e facilitar o aparecimento de um movimento social central. Uma nova matriz, entretanto, precisa acomodar seus variados elementos com maior autonomia, tensão e interação entre eles. A função da política será diferente, como também o papel do Estado, do sistema e dos partidos e o dos movimentos populares. Cada esfera da sociedade se diferenciará das demais e, com suas próprias contradições, dará a luz a formas heterogêneas de ação coletiva com poucos princípios comuns. Dessa forma, embora a diversidade e as identidades sociais se multipliquem, os laços simbólicos e orgânicos capazes de integrá-las em um MS central são enfraquecidos.

Terceiro, além da transição e da consolidação democráticas, outras mudanças estão influenciando as características do MS central e de seus movimentos sociais componentes. Na MSP estatal-nacional-popular, as lutas e conflitos estavam principalmente orientados em direção a princípios coletivistas, igualitários e nacionalistas. As diversas tendências e movimentos anticapitalistas, antioligárquicos, democráticos, antiimperialistas e não-nacionalistas eram mais aptos a adotar esses princípios. Como mencionamos anteriormente, na MSP estatal-nacional-popular, a política era a principal esfera de ação. Essas lutas e princípios ainda não foram satisfeitos e continuam estimulando ações coletivas dispersas, porém cada um deles se tornou mais técnico, autônomo e complexo. Assim, as velhas formas de organização, como o trabalho, sindicatos, partidos ou corporações, tendem a se tornar inadequadas.

Mudanças na sociedade civil fizeram surgir novos tipos de demandas, que não podem ser expressas através das velhas lutas pela igualdade, liberdade e soberania nacional. Além do meio ambiente e da autonomia regional, encontram-se os direitos coletivos dos grupos étnicos e novas áreas da vida cotidiana, que surgiram relacionadas ao novo modelo de modernidade em jogo. Essas áreas incluem relações interpessoais e intergeracionais; aspirações individuais e grupais de reconhecimento social de pertencimento e de identidade; e demandas por liberdade pelo medo às ameaças de insegurança pessoal. Essas demandas estão relacionadas à questão da busca de felicidade, de plenitude pessoal ou de melhor qualidade de vida e não podem ser substituídas ou representadas pelos velhos mecanismos de ação coletiva (sindicatos e partidos). Essas não são apenas preocupações individuais, já que as demandas são expressas na esfera pública. Tampouco são expressões puras de individualismo, já que poderiam manifestar-se em novas formas de consumo, porque também se mostram como demandas "nossas" e não só "minhas".

O importante é que uma política que ignora as necessidades sentidas pelos sujeitos é incapaz de enfrentar as demandas sociais. Assim, essas demandas se relacionam tanto com a modernidade como com a busca por uma nova MSP. As demandas por bens e serviços da sociedade moderna – agora também representadas por serviços simbólicos e culturais – não são mais simples requerimentos de acesso, mas estão determinadas pela diversidade das necessidades e aspirações de cada sujeito e a qualidade dos serviços se torna um requisito de eqüidade cada vez mais alto.

Ao mesmo tempo, em relação às questões que costumavam ser dominadas pelo Estado nacional sob a MSP prévia, estão emergindo esforços que buscam novas formas de conexão global através das ONGs internacionais e nacionais e dos movimentos sociais e, também, novos diálogos e disputas com corporações transnacionais em relação a questões tais como direitos de trabalho, qualidade produtiva e meio ambiente. Mas ainda é muito cedo para avaliar o impacto desses movimentos. O que está claro é que representam outro indicador da desaparição do modelo da antiga MSP, na qual o Estado possuía função mais significativa e a política era a principal esfera de ação.[117]

A América Latina apresenta atualmente uma crescente diversificação social, que não se limita apenas à esfera econômica. Durante a MSP estatal-nacional-popular, a política era o principal canal de integração, o Estado estabelecia acessos diferenciados aos bens e serviços e dava significado à vida coletiva e individual mediante projetos ideológicos. Hoje em dia, a política é apenas um desses canais e a "cultura" – entendida como a busca de significados e a integração de representações simbólicas, valores e estilos de vida – adquire sua própria consistência e densidade. Esse novo

---

[117] Ver Gereffi, García-Johnson e Sasser (2001).

padrão se manifesta nas demandas dos grupos indígenas, nos movimentos regionais e de mulheres, nos diferentes estilos de vida da juventude, nas características do consumo familiar e simbólico das classes médias, nas mudanças na unidade familiar e nas novas relações sociais.

Essas dimensões se transformam em arenas de subjetividade e de debates tensos, com freqüência a respeito das diversas maneiras de viver de cada indivíduo. Paralelamente a isso, as dimensões convencionais da cultura – a ciência, as artes, as etnias, a educação, a comunicação e as heranças culturais – alcançam sua própria autonomia e dinamismo. A "cultura" não é mais o reflexo da política; agora é ela, de fato, que dita o seu conteúdo. Cada uma dessas dimensões gera seus próprios conflitos e atores sociais, que discutem e defendem suas interpretações individuais e coletivas da estética, da verdade e da bondade. Os conflitos políticos se transformam, cada vez mais, em disputas com relação ao modelo cultural da sociedade.[118] Entretanto, esse novo significado da política é enfraquecido ou, até mesmo, escondido pelas situações de crise em que todos os conflitos parecem estar relacionados à defesa dos interesses e das necessidades materiais. E, também, como conseqüência da resistência de alguns políticos em aceitar esse novo significado, já que estes buscam manter "os negócios como estão". Assim, sua atitude tende a ser autocentrada, uma situação que não pode ser resolvida mediante a redução da política como a resolução dos "problemas das pessoas", como argumentam, de modo simplista, aqueles que criticam a tradicional atividade político-ideológica.

O que se pode prever, em futuro próximo, é a emergência de uma variedade de formas de mobilização que serão mais autônomas, de curto prazo e menos influenciadas pelos políticos. Os conflitos políticos serão cada vez mais canalizados através de instituições do que através de protestos e mais orientados para as demandas setoriais, as modernizações parciais, a democratização gradual e a integração social, e menos para as mudanças globais mais radicais. Seu conteúdo estará dividido entre demandas por inclusão e pela busca de significado e de identidade específica ante a universalização da modernidade imposta pelos agentes do mercado e seus agentes. Contudo, em situações de crise socioeconômica, é provável que as formas de ação coletiva setorial se afastem das normativas institucionais e rejeitem todos os atores políticos oficiais. No entanto, apesar da falta de confiança e de esperança no Estado, exigirão sua presença e apresentarão princípios opostos de cidadania e de autodeterminação.

Não parece que a alternativa possível sejam os movimentos revolucionários do passado, mas sim a apatia e a reclusão comunitária.[119] De qualquer forma, o que não

---

[118] Para maior discussão a respeito, ver Díaz Polanco (1997). Ver, também, Phillips (1998).

[119] A esse respeito, um exemplo é o movimento zapatista no estado de Chiapas, no México. Ver Hayden (2002) e Montemayor (1998).

está mais presente é a absorção da diversidade social pela atividade política oficial. Isso não significa o fim da política, como alguns indicaram, nem sua redução à simples provisão de soluções para problemas imediatos das pessoas, como o neopopulismo e o neoliberalismo argumentam; significa uma mudança na função e no significado da política. Mais do que servir como meio para obter bens públicos ou como fonte única de significado para a vida coletiva, como ocorria na antiga MSP, a política terá de se transformar na dimensão central que assegure a existência do Estado e da política nacional em um mundo globalizado com sociedades fragmentadas.

6
Uma nova matriz sociopolítica?

Nos capítulos anteriores, foram discutidas várias e importantes transformações políticas, econômicas, sociais e culturais que têm afetado a América Latina em um contexto de globalização. Essas mudanças e seu contexto redefiniram o modelo de modernização e o diferenciaram daquele derivado da sociedade industrial, que se baseava na dinâmica interação entre relevantes atores sociais e em que a função central do Estado era a mobilização. Como conseqüência, o próprio conceito de desenvolvimento foi reformulado. Agora, o desenvolvimento se encontra centrado em quatro processos, nenhum dos quais pode ser reduzido ou explicado por outro:

- a construção das democracias políticas;
- a democratização social e a integração nacional, inclusive;
- a reinserção das economias latino-americanas no sistema mundial;
- a construção de um modelo de modernidade que assume a globalização e as identidades culturais.

O conceito de matriz sociopolítica – entendida como a relação entre o Estado, o sistema político de representação, a base socioeconômica dos atores sociais e as relações culturais, mediadas pelo regime – fornece os meios necessários para situar esse fenômeno complexo em uma estrutura analítica compreensível, na qual podem ser propostos argumentos mais específicos.

Como outros eventos históricos, a emergência de uma nova matriz sociopolítica está sujeita ao "efeito histórico Doppler", que, analogamente ao que ocorre na acústica, gera uma interpretação mais homogênea (de tom mais baixo) para os períodos mais distantes e uma interpretação mais precisa e complexa (de tom mais alto) para os períodos mais próximos. As generalizações históricas parecem ter mais validade para o caso das estruturas temporais mais distantes no passado. A diferenciação não é precisa para os casos analíticos, para as datas de começo e fim, nas evidências e nas exceções. Quanto mais próximos do presente estiverem os fenômenos históricos, mais poderão ser definidos por fatos empíricos, muitos dos quais são incoerentes e ambíguos em relação às tendências gerais. Por isso, os historiadores, em geral, têm mais dificuldade em elaborar generalizações acerca de períodos recentes, medidos em décadas, do que de períodos separados por séculos ou milênios. Esse efeito histórico Doppler afeta as interpretações dos modelos de desenvolvimento e da matriz sociopolítica e também leva à obtenção de conclusões menos confiáveis a respeito da nova problemática emergente em comparação às conclusões sobre a que está sendo superada.

A transição para uma nova matriz sociopolítica é muito mais ampla do que o deslocamento de um tipo de regime político para outro, ou de um tipo de modelo econômico para outro, pois pressupõe o entrelaçamento de um novo conjunto de ligações entre as esferas política, econômica, social e cultural. Apesar de essas esferas reterem sua própria autonomia e dinamismo e não serem redutíveis a nenhuma outra, cada uma produz efeitos nas demais, que devem ser analisados a partir de uma sociedade e um período histórico particular. Isso nos leva a crer que os processos e estruturas são de longa duração e maturação. Podemos esperar por um longo período de transição caracterizado pelos quatro processos já mencionados e pelas suas tendências contrárias, que definirão a nova *problematique* latino-americana.

O argumento central exposto é que as transformações em cada um dos elementos da MSP e no seu relacionamento mútuo no decorrer das últimas décadas desarticularam o que chamamos de matriz sociopolítica estatal-nacional-popular. Durante os anos 1970, as ditaduras militares no Chile e na Argentina se adiantaram no lançamento de tentativas de construção de uma nova matriz estimulada pelo mercado, baseada em princípios neoliberais, que substituísse a que fora desarticulada. Nos anos 1980, essas tentativas ganharam novas oportunidades e se expandiram para outros países da região, no momento em que o impacto da crise da dívida, que incluía as pressões exercidas pelos credores, obrigou os países latino-americanos a desestruturar ainda mais a velha matriz (características-chave da matriz neoliberal estimulada pelo mercado são apresentadas no quadro 2).

Quadro 2
Matrizes sociopolíticas: neoliberal estimulada pelo mercado e multicêntrica

Característica	Matriz sociopolítica		
	Neoliberal estimulada pelo mercado	Ausência de matriz, marcada pela decomposição e tendências	Multicêntrica
Situação	Impulsionada nos anos 1980 e 1990 e falida	Realidade atual para alguns países latino-americanos	Em potencial (não assegurada)
Componentes: Estado, sistema político de representação, base socioeconômica dos atores sociais, relações culturais, mediação pelo regime político	Alocação do mercado como mecanismo preferencial de processo decisório. Esferas separadas. Papel mínimo para o Estado e redução significativa do al-	Ausência de uma matriz com efetiva interação entre seus componentes	Componentes autônomos, complementares e mutuamente reforçados. Desconcentração de poder. Compatibilidade discernível entre o Estado, a economia

continua

Característica	Matriz sociopolítica		
	Neoliberal estimulada pelo mercado	Ausência de matriz, marcada pela decomposição e tendências	Multicêntrica
	cance das atividades correspondentes ao regime político		e o sistema de representação, alimentada pela diversidade e inovação cultural
Modelo de desenvolvimento	Crença ideológica no processo dirigido pelo mercado e na economia aberta. Função mínima do Estado nos processos socioeconômicos. Transferência de poder e recursos do Estado para os atores econômicos privados, com pouca regulação efetiva ou supervisão. Foco nos cidadãos enquanto consumidores	Países marcados por crises permanentes que inibem a geração de um modelo de desenvolvimento. Ausência de políticas consensuais de maior alcance em relação aos elementos de um modelo de desenvolvimento factível, coerente e justo. Propostas divergentes baseadas em interesses setoriais, de classe, regionais ou ideológicos e, alguns, marcados por forte desilusão com a economia de mercado. Incapazes de combinar amplo apoio com viabilidade internacional	Guiada pelo Estado e aceita pelo mercado, com incentivos à poupança e investimentos locais. Crescimento adequado à absorção de mão-de-obra e políticas sociais orientadas para redução da pobreza e melhorias na distribuição da renda
Economia internacional	Livre fluxo de recursos financeiros não regulados pelos Estados nacionais. Ênfase na competitividade, vantagens comparativas e mercados comerciais abertos. Monitoração por instituições multilaterais, como o Fundo Monetário Internacional (FMI) e o Banco Mundial, dominados pelos países industrializados	Economia interna fortemente influenciada pelas flutuações internacionais, com pouca autonomia e poder de negociação limitado vis-à-vis as instituições multilaterais, como o FMI e o Banco Mundial, e corporações transnacionais. Marcada por padrões oscilantes de abertura indiscriminada à economia mundial e recuos fortes do capital estrangeiro	Integração seletiva setor por setor, de acordo com as tendências dominantes mundiais. Acordos consolidados de integração regional. Suficiente diversificação econômica e prudência fiscal para suportar choques externos

continua

Característica	Matriz sociopolítica		
	Neoliberal estimulada pelo mercado	Ausência de matriz, marcada pela decomposição e tendências	Multicêntrica
Sociedade civil, atores/sujeitos	Aceita dentro dos conformes do modelo geral de mercado, com grupos economicamente dominantes que concentram poder de influência sobre a sociedade, o Estado e a política e sobre vários atores sociais previamente organizados e movimentos enfraquecidos ou destruídos. Tolerância a respeito de variações de identidade e estilos de vida capazes de serem absorvidos pela cultura de consumo. Os movimentos sociais e as organizações substituem parcialmente as funções do Estado, assim que este retrocede	A sociedade civil é basicamente ocupada pela elite econômica e política, mas sua parte mais ampla se encontra marcada pela fragmentação e, até, pela incoerência. Os setores populares lutam para se organizar e alcançar uma voz significativa nos assuntos nacionais, com influência ocasional. Significativa margem de participação social de grupos antiglobalização, anti-hegemônicos, questionando o Estado e o regime. Altos índices de impunidade e de insegurança civil	Movimentos em crescente organização e marcados por maior diferenciação. Maior diversidade de identidades com conexões globais. Grande influência das redes nacionais e globais. Laços difusos, porém cada vez mais fortes, entre a elite e os cidadãos comuns
Ideologia, orientação cultural	Individualismo e competição individual como sistema de autorregulação sob o capitalismo. Múltiplos espaços para a criação de significações sociais. Representações simbólicas, valores e estilos de vida não contrários à ideologia de mercado ou à cultura do consumo	Falta de ideologia integradora. Ausência generalizada de interesses ideológicos combinados a sistemas competitivos de valores, de modo que, muitas vezes, as elites recorrem a ícones nacionalistas ou raciais. Forte penetração cultural externa	Democrática e aceita pelo mercado em contexto de intervenção e de regulação estatal, reconhecimento mundial, baseada em identidades com espaços para a ação coletiva e individual. Respeito pelas expressões de cultura local. Auto-afirmativa e integrativa, dando lugar à diversidade
Sistema político de representação	Enfraquecido pela centralização da autoridade na implementação das reformas de mercado. Maior peso dos grupos economica-	Democracias formais não-consolidadas ou consolidadas, mas incompletas; muitas, com resquícios autoritários. Colapso do sis-	Sistema partidário com menor preponderância, mas ainda com função central na articulação dos interesses políticos, socioeconô-

continua

Característica	Matriz sociopolítica		
	Neoliberal estimulada pelo mercado	Ausência de matriz, marcada pela decomposição e tendências	Multicêntrica
	mente dominantes e abertos ao apelo neopopulista. Tendência a sua marginalização ou apenas à ampliação de sua capacidade gerencial, elaborando o maior número de decisões possíveis pela lógica da alocação de mercado	tema de representação em alguns países e, em outros, crescente incapacidade dos partidos e dos sistemas partidários em representar as demandas dos cidadãos e em manter efetivamente os laços institucionais entre a população e o Estado	micos e culturais, alcançando amplos setores sociais. Capacidade dos movimentos sociais organizados, dos movimentos étnicos e regionais e das identidades baseadas em estilos de vida de influenciar o regime. Aprofundamento da democracia
Conceito de modernidade	Sociedade ideal baseada nas tendências individualistas, racionalistas e tecnológicas dos países de industrialização avançada, como o Canadá ou os Estados Unidos	Coexistência de múltiplas concepções de modernidade. Importante influência do contexto internacional e da mídia cultural. Inexistência de consenso ou de unidade integradora	Valores universais de direitos humanos combinados às diversas identidades e expressões. Combinação entre racionalidade, subjetividade e memória histórica em cada sociedade
Papel do Estado	Papel crucial na implementação de reformas, seguido por retrocesso em direção a uma função mínima, restrita principalmente à segurança, à administração macroeconômica e à redução da pobreza. Abstenção de qualquer tipo de papel relevante no avanço da justiça social ou na melhoria da distribuição da renda	Fraca estaticidade. Inabilidade do Estado em responder a vastos segmentos da sociedade. Baixa transparência e *accountability*. Fraca legalidade	Estaticidade reconstruída. O Estado desenvolve e implementa meios efetivos para o crescimento sustentável; redução da pobreza e contra exclusões legais, sociais, econômicas ou de outro tipo. Bem-sucedida articulação entre concepções multinacionais e sociedades pluriétnicas. Acesso à arena global, avanço nos esquemas de integração regional e influência nas instituições supranacionais, com a finalidade de aumentar a autonomia, a segurança e o bem-estar

continua

Característica	Matriz sociopolítica		
	Neoliberal estimulada pelo mercado	Ausência de matriz, marcada pela decomposição e tendências	Multicêntrica
Vulnerabilidade/riscos	Altamente dependente da abertura imprevisível ao comércio internacional e aos fluxos de recursos. A imperfeita implementação do modelo econômico encoraja novas formas de corrupção e de comportamentos predatórios (*rent-seeking*). Aumento da pobreza, da desigualdade e do setor informal. Desarticulação das formas de representação e dos atores sociais. Dificuldade em alcançar consenso ideológico e ampla legitimidade. Incapacidade institucional de acomodar múltiplas identidades. Altamente inapropriada para a realidade latino-americana	Incapacidade de construir um modelo coerente de desenvolvimento, de recriar a estaticidade ou de criar as ferramentas necessárias para diminuir as disparidades legais e sociais. Subordinação internacional. Extrema variação nas identidades como barreira para a ação social. A fragmentação social abre caminho para movimentos plebiscitários e/ou demagógicos e para o posterior enfraquecimento do Estado e das instituições políticas. Contínua incapacidade para gerar crescimento econômico sustentável ou diminuir a pobreza e a desigualdade	Prolongado processo de amadurecimento, que gera a imagem de ausência de direcionamento nacional. Risco de não conseguir construir um modelo coerente de desenvolvimento e de reforçá-lo ideologicamente ou mediante visão motivadora. Perigo de não ser capaz de gerar e manter mecanismos efetivos para diminuir as disparidades sociais e legais, a subordinação internacional e o enfraquecimento da estaticidade. A diferenciação nas identidades e a fragmentação social podem inibir ações com propósitos comuns

Dessa forma, durante os anos 1980 e 1990, três processos paralelos se sobrepuseram: a longa desarticulação da matriz estatal-nacional-popular; os impulsos cada vez mais fortes para construir uma alternativa neoliberal estimulada pelo mercado; e as lutas de resistência pela imposição desta última. Uma das conseqüências da sobreposição foi a intensificação das tendências negativas, como a decomposição social e a crescente desigualdade, a ruptura da identidade de classe e a despolitização. Como resultado, muitos analistas classificaram esse período latino-americano como "a década perdida". Entretanto, principalmente nos anos 1990, esses processos negativos pareciam ser compensados por desenvolvimentos positivos, como o crescimento econômico, o controle da inflação, o amadurecimento político, a mobilidade social e a afirmação de novas identidades.

Os defensores da matriz neoliberal estimulada pelo mercado poderiam argumentar que o resultado foi mais do que satisfatório, mas no final dos anos 1990 e começo da década seguinte – quando a economia internacional experimentou sucessivas crises e a instabilidade dos fluxos de capital se tornou ainda mais aguda – surgiram visivelmente os efeitos negativos. Assim, esse período experimentou a coexistência de tendências contrastantes: a crescente desarticulação da velha matriz estatal-nacional-popular, os esforços pela sua manutenção e preservação, a resiliência de novos elementos e o enfraquecimento do processo de construção de uma matriz estimulada pelo mercado. Na verdade, o projeto neoliberal de construção de uma matriz estimulada pelo mercado na América Latina foi suspenso.

Este fracasso demonstra a decomposição e a falta de direcionamento como um possível e longo futuro para vários países da América Latina. Nesse contexto, um país se abre indiscriminadamente, por opção ou obrigação, à economia mundial, cujos agentes penetram, dissecam e até desestruturam o comércio e a produção local, tirando proveito das ineficientes relações econômicas. Enquanto as instabilidades econômicas afetarem os relacionamentos sociais, como a família, a comunidade e o lugar de trabalho, a sociedade civil perderá muito de sua coerência – se é que ela existe – ou nunca chegará a alcançá-la. Essas condições levarão à implementação de medidas de austeridade nacional, que poderão debilitar as instituições políticas do Estado – em particular, aquelas agências responsáveis pela assistência social – e acarretarão a perda de legitimidade do Estado em face de uma população desesperada e decepcionada.

Embora as elites tentem justificar muitas das ações do setor público e privado em nome do neoliberalismo, essas crenças não conseguirão muitos seguidores na sociedade como um todo e irão demonstrar que não são capazes de implementar um modelo de distribuição e de crescimento viável. Apesar de ser possível que existam, de modo latente, múltiplas concepções de modernidade, nenhuma será capaz de desafiar os valores que surgem do exterior através dos meios culturais e de comunicação. A insegurança da população aumenta e a impunidade impera entre o crime e outras formas de violência. O resultado não é uma matriz com interação efetiva de seus elementos, mas uma realidade desarticulada, que parece caracterizar as relações entre o Estado e a sociedade na maioria dos países da região na virada do século. A tendência pode ser prolongada ou representar um período de transição prévio a um movimento decisivo em direção a uma ou outra forma de MSP.

Se as perturbadoras tendências atuais vão continuar ou se os países da região irão avançar em direção a uma nova MSP em potencial e eticamente desejável – uma opção, é claro, entre MSPs possíveis, mas a escolhida por nós –, irá depender de várias opções críticas em diversas dimensões. Uma refere-se à economia internacional. As sociedades latino-americanas podem continuar a se ajustar às regras da economia internacional, pagando custos sociais e buscando ganhos econômicos. A posição mais vantajosa para os países da região seria uma substantiva integração com a economia mundial, na qual retivessem algum controle nacional sobre o preço das exportações, a escolha dos mercados e a entrada de investimento externo. Isso irá requerer um reforço da capacidade reguladora interna e externa do Estado, o que não parece factível na ausência de um poder de negociação coletiva aprofundado em esquemas de integração regional, como o Mercosul.

De outro extremo, a economia nacional poderia ser uma simples fornecedora de matéria-prima ou de mão-de-obra barata, em posição subordinada nas cadeias de bens de consumo orientadas pelo comprador e pelo produtor, assim como extremamente vulnerável aos caprichos do mercado financeiro. Se seus mercados internos forem grandes ou se sua decepção (ou rejeição) em relação ao capitalismo for aguda, os países poderão tentar resistir ou inverter os processos de integração, principalmente se considerarem altos os custos da integração e escassos os ganhos. Na realidade, a autarquia será uma solução sonhada para os teóricos econômicos, mesmo que seja alternativa dificilmente viável.

A segunda remete à sociedade civil. Esta pode se mover em direção à maior diferenciação, ao fortalecimento das identidades (étnicas, regionais, de gênero, religiosas e culturais), a demandas mais persistentes e ao fortalecimento das organizações e tornar-se um contrapeso para as elites econômicas e políticas. Alternativamente, a diferenciação social pode significar fragmentação, identidades tênues e vulneráveis, demandas sem voz e conflitos endêmicos, com uma sociedade civil dominada pelos interesses das empresas e, em geral, incapaz de exercer muita influência no governo. A cultura pode surgir da própria produção social da arte, música, ciência e da definição de modernidade, ou ser importada de fora praticamente intacta, ou imposta por afiançadas elites culturais.

Em terceiro lugar, a estaticidade remete à habilidade das instituições políticas em gerar consenso, forjar a unidade e a estabilidade na alternância de poder e, em poucas palavras, conseguir legitimidade da sociedade. Por sua vez, os países latino-americanos têm buscado restaurar ou recriar, em diferentes graus, a estaticidade que foi destruída pelos conflitos políticos e econômicos durante o declínio da MSP estatal-nacional-popular. De uma perspectiva democrática, uma situação preferencial seria a de contínua melhoria das principais instituições estatais, para que possam concretizar seus objetivos, e do sistema de representação, para que possa oferecer a todos os segmentos (incluindo as mulheres, os pobres, os grupos étnicos, os jovens, os novos movimentos sociais e as minorias) uma voz e um voto no futuro. O fortalecimento dos partidos políticos e, em alguns casos, sua reconstrução parecem ser inevitáveis. No entanto, formas atávicas de corporativismo, de democracia delegativa ou patrimonial, de neopopulismo ou de novos tipos de clientelismo parecem ser menos fortuitos, apesar de serem ainda os preferidos pelos regimes autoritários do passado.

Em quarto lugar, a ideologia nacional envolve a estrutura de interpretação compartilhada na sociedade sobre a compreensão de seu lugar na história. A ideologia de um país pode ser integradora e auto-afirmativa, com espaço para a diversidade, evitando a xenofobia. Contudo, um sistema de valores competitivos pode fragmentar a sociedade, ou os líderes podem apelar retoricamente a símbolos raciais ou nacionalistas para assegurar sua permanência no poder. Apesar de o grau de abertura econômica internacional, de ativismo da sociedade civil e de estaticidade poder variar na nova MSP, a matriz não pode perdurar sem uma ideologia integradora ou um projeto nacional.

Atualmente, a região se defronta com o vazio deixado pelo fracasso do projeto neoliberal. Está marcada pela tendência à decomposição e pela ausência de uma clara MSP – e por tendências menos desejáveis eticamente nas dimensões analisadas (quadro 2). Podemos observar também fracas tentativas em direção ao retorno da matriz estatal-nacional-popular, o que seria a perspectiva menos provável. Da mesma forma, em diferentes graus, existe uma tendência arraigada na região, que inclui uma visão social participativa, baseada em discursos e ações antiglobalização e anti-hegemônicas e centrada em ONGs e outros grupos da sociedade civil que utilizam geralmente laços transnacionais, senão o apoio, para questionar o Estado e o regime.

Além de tudo isso, como vimos em cada uma das seções do capítulo 5, é também possível observar, aqui e ali, em alguns países mais do que em outros, importantes tendências nem sempre parcimoniosas nem integradas em um único projeto nacional, que apontam para novos tipos de relações entre o Estado e a sociedade e a possibilidade de reconstruir uma matriz sociopolítica. Se combinarmos elementos empírico-preditivos com elementos de aspiração normativa, poderíamos projetar uma MSP multicêntrica emergente que possua características completamente diferentes das da velha MSP estatal-nacional-popular, das do projeto neoliberal dirigido pelo mercado e das da situação atual. Essa nova MSP multicêntrica será fundamentalmente caracterizada pela natureza de seus laços com a economia mundial e pelo fortalecimento, autonomia, complementaridade e interações mutuamente reforçadas entre o Estado, o sistema de representação e a sociedade civil (ver resumo na coluna da extrema direita do quadro 2).

Ainda não é possível especificar as formas concretas que terão as novas relações entre o Estado e a sociedade, mas a estaticidade será reconstruída e a sociedade civil será marcada por forte organização e crescente diferenciação, com identidades diversificadas reforçadas por fluidas redes internacionais e nacionais. Da mesma forma, podemos também imaginar as possibilidades da MSP em ampliar a voz dos países da região no mundo globalizado, mediante, em parte, o aumento da integração econômica e política da região. O que está relativamente claro é que a nova estrutura institucional será formalmente democrática, mesmo que a composição exata desse regime ainda seja incerta. Poderíamos esperar que o sistema partidário continuasse tendo um papel central na articulação de interesses sociais, com movimentos sociais organizados capazes de influenciar o regime em um contexto de aprofundamento da democracia.

Nosso objetivo não é mapear ou prescrever de maneira precisa as características dessa nova matriz sociopolítica, mas demonstrar sua possibilidade. Se comparada à anterior, a nova MSP irá emergir gradualmente e será marcadamente mais evidente na maioria dos países latino-americanos. Com base em nossa interpretação sobre as contraditórias tendências da região nas décadas passadas, tal MSP será caracterizada pela autonomia, pelo fortalecimento mútuo e pela complementaridade de seus elementos. É claro que será difícil construir uma nova MSP multicêntrica, como aquela com as características potenciais que desenhamos, por causa dos muitos elementos de compensação, forças e tendências contraditórias expostas nos capítulos anteriores, que resultaram da crise geral das sociedades latino-americanas no começo deste século. Entretanto, uma construção gradual dessa MSP benéfica para a grande maioria da população da América Latina é possível e, sobretudo, desejável. Assim, nosso argumento está construído com base na observação empírica e contém suposições carregadas de valores normativos. E abraça o desejo de que os resultados melhorem a qualidade de vida e ampliem as possibilidades futuras das sociedades latino-americanas.

Bibliografia

AGÜERO, Felipe; STARK, Jeffrey (Eds.). *Fault lines of democracy in post-transition Latin America*. Coral Gables, Fla: North-South Center Press, University of Miami, 1998.

ALCÁNTARA SÁEZ, Manuel. *Gobernabilidad, crisis y cambio*: elementos para el estudio de la gobernabilidad de los sistemas políticos en épocas de crisis y cambio. Madrid: Centro de Estudios Constitucionales, 1994.

_____; CRESPO, Ismael (Eds.). *Los límites de la consolidación democrática en América Latina*. Salamanca: Ediciones Universidad de Salamanca, 1995.

ALVAREZ, Sonia E.; DAGNINO, Evelina; ESCOBAR, Arturo (Eds.). *Cultures of politics/politics of cultures*: revisioning Latin American social movements. Boulder, CO: Westview Press, 1998.

APPADURAI, Arjun. *Modernity at large*: cultural dimensions of globalization. Minneapolis: University of Minnesota Press, 1996.

AVRITZER, Leonardo (Ed.). *Sociedade civil e democratização*. Belo Horizonte: Livraria del Rey Editora, 1994.

BAGLEY, Bruce M.; WALKER III, William O. (Eds.). *Drug trafficking in the Americas*. Boulder, CO: Lynne Rienner, 1994.

BALLÉN, Rafael. *Corrupción política*. Bogotá: Acropolis, 1994.

BARBA SOLANO, Carlos; BARROS, José Luis; HURTADO, Javier (Ed.). *Transiciones a la democracia en Europa y América Latina*. Ciudad de México: M. A. Porrua Grupo Editorial, 1991.

BARBERO, Jesús Martín. *Communications, culture and hegemony*: from the media to the mediations. Transl. Elizabeth Fox and Robert A. White. Newbury Park, CA: Sage, 1993.

_____; LÓPEZ DE LA ROCHE, Fábio; JARAMILLO, Jaime Eduardo; ORTIZ, Renato (Eds.). *Cultura y globalización*. Bogotá: Universidad Nacional de Colombia, Centro de Estudios Sociales, 1999.

BARROS, José Luis; HURTADO, Javier; CASTILLO, German Pérez Fernandez del (Eds.). *Transición a la democracia y reforma del Estado en México*. Ciudad de México: M. A. Porrua Grupo Editorial, 1991.

BEJARANO, Ana María; PIZARRO, Eduardo. *Reforma política después de 1991. ¿Qué queda por reformar?* Paper presented to a conference at the Kellogg Institute, University of Notre Dame, Mar. 2001.

BELLO, Walden F. *Dark victory*: the United States, structural adjustment, and global poverty. London: Pluto Press, 1994.

BERMEO, Nancy. Democracy and the lessons of dictatorship. *Comparative Politics*, v. 23, n. 3, p. 273-292, 1992.

BERRY, Albert (Ed.). *Poverty, economic reform, and income distribution in Latin America*. Boulder, CO: Lynne Rienner, 1998.

BETHELL, Leslie (Ed.). *Cambridge history of Latin America*. Cambridge: Cambridge University Press, 1994. v. 6, part 1.

BIRCH, Melissa H.; HAAR, Jerry (Eds.). *The impact of privatization in Latin America*. Boulder, CO: Lynne Rienner, 1999.

BIZZOZER, Lincoln; VAILLANT, Marcel (Eds.). *La inserción internacional del Mercosur*: mirando al Sur o mirando al Norte? Montevideo: Arca, 1996.

BORÓN, Atilio. *State, capitalism, and democracy in Latin America*. Boulder, CO: Lynne Rienner, 1995.

BOUZAS, Roberto; ROS, Jaime (Eds.). *Economic integration in the Western Hemisphere*. Notre Dame: University of Notre Dame Press, 1994.

BRADFORD, Colin I. (Ed.) *Redefining the state in Latin America*. Paris: Organization for Economic Cooperation and Development, 1994.

BUITELAAR, Ruud; DIJCK, Pitou van. *Latin America's insertion in the world economy*: towards systemic competitiveness in small economies. New York: St. Martin's Press, 1996.

CAMMACK, Paul. Democratization and citizenship in Latin America. In: PARRY, Geraint; MORAN, Michael (Eds.). *Democracy and democratization*. London: Routledge, 1994.

CANCLINI, Néstor García. *Hybrid cultures*: strategies for entering and leaving modernity. Transl. Christopher L. Chiappari and Silvia L. Lopez. Minneapolis: University of Minnesota Press, 1995.

_____. *La globalización imaginada*. México, DF: Fondo de Cultura Económica, 1999.

CARDOSO, Fernando Henrique; FALETTO, Enzo. *Dependency and development in Latin America*. Berkeley: University of California Press, 1979.

CARNOY, Martin; CASTELLS, Manuel; COHEN, Stephen S.; CARDOSO, Fernando Henrique. *The new global economy in the information age*: reflections on a changing world. University Park: Penn State University Press, 1993.

CASPER, Gretchen; TAYLOR, Michelle M. (Eds.). *Negotiating democracy*: transitions from authoritarian rule. Pittsburgh: University of Pittsburgh Press, 1996.

CAVAROZZI, Marcelo. El "desarrollismo" y las relaciones entre democracia y capitalismo dependiente en "Dependencia y desarrollo en América Latina". *Latin American Research Review*, v. 17, n. 3, p. 166-171, 1982.

_____. Peronism and radicalism: Argentina's transition in perspective. In: DRAKE, Paul W.; SILVA, Eduardo (Eds.). *Elections and democratization in Latin America, 1980-1985*. La Jolla, CA: Center for Iberian and Latin American Studies, University of California, 1986.

_____. Beyond transitions to democracy in Latin America. *Journal of Latin American Studies*, v. 24, n. 3, p. 65-84, 1992.

_____. Politics: a key for the long term in South America. In: SMITH, William C.; ACUÑA, Carlos H.; GAMARRA, Eduardo A. *Latin American political economy in the age of neoliberal reform*: theoretical and comparative perspectives for the 1990s. Coral Gables, Fla: North-South Center, University of Miami; New Brunswick, NJ: Transaction Publishers, 1994.

_____. Los partidos políticos latinoamericanos, sus configuraciones históricas y su papel en las transiciones recientes. In: ALCÁNTARA, Manuel; CRESPO, Ismael (Eds.). *Los límites de la consolidación democrática en América Latina*. Salamanca: Ediciones Universidad de Salamanca, 1995.

_____; GARRETÓN, Manuel Antonio (Eds.). *Muerte y resurrección*: los partidos políticos en el autoritarismo y las transiciones en el Cono Sur. Santiago de Chile: Flacso, 1989.

_____; MEDINA, Juan Manuel Abal (Eds.). *El asedio de la política*: los partidos latinoamericanos en la era liberal. Buenos Aires: Editorial Politeia, 2002.

CEPAL. *Equidad y transformación productiva*: un enfoque integrado. Santiago de Chile: Cepal, 1992.

_____. *Panorama social de América Latina, 2000-2001*. Santiago de Chile: Cepal, 2001.

CHALMERS, Douglas A.; VILAS, Carlos M.; HITE, Katherine; MARTIN, Scott B.; PIESTER, Kerianne; SEGURA, Monique (Eds.). *The new politics of inequality in Latin America*: rethinking participation and representation. Oxford: Oxford University Press, 1997.

CHONCHOL, Jacques. *Hacia dónde nos lleva la globalización?* Santiago de Chile: LOM Ediciones, 2000.

CLEAVES, Peter S. *Bureaucratic politics and administration in Chile*. Berkeley: University of California Press, 1974.

_____. *The professions and the state*: the Mexican case. Tucson: University of Arizona Press, 1987.

_____. Empresarios y política empresarial en América Latina. In: ALCÁNTARA, Manuel; CRESPO, Ismael (Eds.). *Los límites a la consolidación democrática en América Latina*. Salamanca: Ediciones Universidad de Salamanca, 1995.

COHEN, Jean L. Rethinking social movements. *Berkeley Journal of Sociology*, v. 28, p. 97-114, 1983.

COLLIER, David; LEVITSKY, Steven. Democracy with "adjectives". *World Politics*, v. 49, n. 3, p. 430-452, 1997.

COLLIER, Ruth Berins; COLLIER, David. *Shaping the political arena*: critical junctures, the labor movement, and regime dynamics in Latin America. Princeton, NJ: Princeton University Press, 1991.

COPPEDGE, Michael. The evolution of Latin American party systems. In: MAINWARING, Scott; VALENZUELA, Arturo (Eds.). *Politics, society, and democracy*: Latin America. Boulder, CO: Westview Press, 1998.

CORDES. *Neoliberalismo y políticas económicas alternativas*. Quito, Ecuador: Corporación de Estudios para el Desarrollo, 1987.

CORRADI, José E.; FAGEN, Patricia Weiss; GARRETÓN, Manuel Antonio (Eds.). *Fear at the edge*: state terror and resistance in Latin America. Berkeley: University of California Press, 1992.

DAHL, Robert A. *Polyarchy*: participation and opposition. New Haven: Yale University Press, 1971.

DELVIN, Robert. *Debt and crisis in Latin America*: the supply side of the story. Princeton: Princeton University Press, 1989.

DIAMOND, Larry. *Developing democracy*: toward consolidation. Baltimore: Johns Hopkins University Press, 1999.

_____; HARTLYN, Jonathan; LINZ, Juan J. Introduction: politics, society, and democracy in Latin America. In: _____; _____; _____; LIPSET, Seymour Martin (Eds.). *Democracy in developing countries*: Latin America. 2. ed. Boulder, CO: Lynne Rienner, 1999a.

_____; _____; _____. ; LIPSET, Seymour Martin (Eds.). *Democracy in developing countries*: Latin America. 2. ed. Boulder, CO: Lynne Rienner, 1999b.

DÍAZ-ALEJANDRO, Carlos. *Latin America in depression*. New Haven: Yale University, Economic Growth Center, Mar. 1980. (Discussion paper, n. 344).

_____. *Some lessons of the 1930s for the 1980s*. New Haven: Yale University, Economic Growth Center, Apr. 1981. (Discussion paper, n. 376).

DÍAZ POLANCO, Héctor. *Indigenous peoples in Latin America*: the quest for self-determination. Boulder, CO: Westview Press, 1997.

DICKEN, Peter. *Global shift*: the internationalization of economic activity. 2. ed. New York: Guilford Publications, 1992.

DIETZ, James L. (Ed.). *Latin America's economic development*: confronting crisis. Boulder, CO: Lynne Rienner, 1995.

DORNBUSCH, Rudiger. Structural adjustment in Latin America. Washington, DC: The Wilson Center, Latin American Program, 1991. (Working paper, n. 191).

DRAKE, Paul W.; SILVA, Eduardo (Eds.). *Elections and democratization in Latin America, 1980-1985*. La Jolla, CA: Center for Iberian and Latin American Studies, University of California, 1986.

DURAND, Francisco; SILVA, Eduardo (Eds.). *Organized business, economic change, and democracy in Latin America*. Boulder, CO: Lynne Rienner, 1998.

EADE, John (Ed.). *Living the global city*: globalization as a local process. New York: Routledge, 1997.

ECKSTEIN, Susan (Ed.). *Power and popular protest*: Latin American social movements. Berkeley: University of California Press, 2001. Ed. atual. e ampl.

EDWARDS, Sebastian. *Crisis and reform in Latin America*: from despair to hope. Oxford: Oxford University Press, 1995.

ESCOBAR, Arturo; ALVAREZ, Sonia E. (Eds.). *The making of social movements in Latin America*: identity, strategy, and democracy. Boulder, CO: Westview Press, 1992.

ESPING-ANDERSEN, Gøsta. *The three worlds of welfare capitalism*. Princeton: Princeton University Press, 1990.

EVANS, Peter B.; RUESCHEMEYER, Dietrich; SKOCPOL, Theda (Eds.). *Bringing the state back in*. Cambridge: Cambridge University Press, 1985.

FAJNZYLBER, Fernando. *Unavoidable industrial restructuring in Latin America*. Durham: Duke University Press, 1990.

FANELLI, José María; FRENKEL, Roberto; ROZENWURCEL, Guillermo. *Growth and structural reform in Latin America*: where do we stand? Buenos Aires: Centro de Estudios del Estado y Sociedad (Cedes), 1990.

FEATHERSTONE, Mike. *Undoing culture*: the globalization of capitalism in Third World countries. Westport, Conn: Praeger, 1996.

FFRENCH-DAVIS, Ricardo (Ed.). *Entre el neoliberalismo y el crecimiento con equidad*. Santiago de Chile: Dolmen, 1999a.

_____. *Macroeconomía, comercio y finanzas*: para reformar las reformas en América Latina. Santiago de Chile: McGraw-Hill, 1999b.

_____; GRIFFITH-JONES, Stephany (Eds.). *Coping with capital surges*: the return of finance to Latin America. Boulder, CO: Lynne Rienner, 1995.

FILGUEIRA, Carlos H. *La actualidad de viejas temáticas*: sobre los estudios de clase, estratificación y movilidad em América Latina. Santiago de Chile: Cepal, 2001. (Series Políticas Sociales, n. 51).

_____; NOHLEN, Dieter (Eds.). *Prensa y transición democrática*: experiencias recientes en Europa y América Latina. Frankfurt: Vervuert, 1994.

FISHLOW, Albert. Lessons from the past: capital markets during the 19th century and the interwar period. *International Organization*, v. 39, n. 3, 1985.

FITCH, J. Samuel. Democracy, human rights, and the armed forces in Latin America. In: HARTLYN, Jonathan; SCHOULTZ, Lars; VARAS, Augusto (Eds.). *The United States and Latin America in the 1990s*: beyond the cold war. Chapel Hill: University of North Carolina Press, 1991.

FLORES DÍAZ, Max; CASTILLO, Adicea; MONTILLA, Antonio; MICHELENA, Hector Silva; DAVILA, Haleis. *La industrialización y desarrollo en América Latina*. Caracas: Universidad Central de Venezuela, Facultad de Ciencias Económicas y Sociales, Instituto de Investigaciones Económicas y Sociales, 1981.

FOLLAIN, John. *Jackal*: the secret wars of Carlos the Jackal. London: Weidenfeld & Nicolson, 1998.

FOX, Elizabeth (Ed.). *Media and politics in Latin America*: the struggle for democracy. Newbury Park, CA: Sage, 1988.

FUENTES, Marta; FRANK, André Gunder. Ten theses on social movements. *World Development*, v. 17, n. 2, p. 179-191, 1989.

GARRETÓN, Manuel A. *Dictaduras y democratización*. Santiago de Chile: Flacso, 1984.

_____. *Reconstruir la política*. Santiago de Chile: Editorial Andante, 1987.

_____. *The Chilean political process*. Boston: Unwin Hyman, 1988.

_____. *Las transiciones a la democracia y el caso chileno*. Santiago de Chile: Flacso, 1989. (Discussion paper, n. 116).

_____. Política, cultura y sociedad en la transición democrática. *Nueva Sociedad*, Caracas, Venezuela, n. 114, jul./ago. 1991.

_____. Democracia, modernización, desarrollo: hacia una nueva problemática en América Latina. In: _____; MELLA, O. (Eds.). *Dimensiones actuales de la sociología*. Santiago de Chile: Bravo y Allende, 1995a.

_____. *Hacia una nueva era política*: estudio sobre las democratizaciones. Ciudad de México: Fondo de Cultura Económica, 1995b.

_____. Social movements and the process of democratization: a general framework. *International Review of Sociology*, v. 6, n. 1, 1996.

_____ (Ed.). *América Latina: um espacio cultural em el mundo globalizado, debates y perspectives*. Bogotá: Convenio Andrés Bello, 1999a.

_____. *Política y sociedad entre dos épocas*: América Latina en el cambio de siglo. Buenos Aires: Homo Sapiens, 1999b.

_____. *La sociedad en que vivi(re)mos*: introducción sociológica al cambio de siglo. Santiago de Chile: LOM Ediciones, 2000.

_____. La transformación de la acción colectiva en América Latina. *Revista de la Cepal*, n. 76, p. 7-24, abr. 2002a.

_____. The new socio-political matrix. In: _____; NEWMAN, E. (Eds.). *(Re)constructing political society*. Tokyo: United Nations University Press, 2002b.

_____; ESPINOSA, Malva. *¿Reforma del Estado o cambios en la matriz socio-política?* Programa Chile. Santiago de Chile: Flacso, 1992.

_____; MELLA, Orlando (Eds.). *Dimensiones actuales de la sociología*. Santiago de Chile: Bravo y Allende, 1995.

GEREFFI, Gary. Global production systems and Third World development. In: STALLINGS, Barbara (Ed.). *Global change, regional response*: the new international context of development. Cambridge: Cambridge University Press, 1995.

_____. Shifting governance structures in global commodity chains, with special reference to the internet. *American Behavioral Scientist*, v. 44, n. 10, p. 1616-1637, 2001.

_____. Mexico's industrial development: climbing ahead or falling behind in the world economy? In: MIDDLEBROOK, Kevin; ZEPEDA, Eduardo (Eds.). *Confronting development*: assessing Mexico's economic and social policy changes. Stanford: Stanford University Press, 2003.

_____; GARCÍA-JOHNSON, Ronie; SASSER, Erika. The NGO-industrial complex. *Foreign Policy*, n. 56-65, July/Aug. 2001.

_____; HEMPEL, Lynn. Latin America in the global economy: running faster to stay in place. *Nacla – Report on the Americas*, v. 29, n. 4, 1996.

_____; KORZENIEWICZ, Miguel. *Commodity chains and global capitalism*. Westport, Conn: Praeger, 1994.

_____; WYMAN, Donald (Eds.). *Manufacturing miracles*: paths of industrialization in Latin America and East Asia. Princeton: Princeton University Press, 1990.

GERMANI, Gino. *Authoritarianism, fascism, and national populism*. New Brunswick, NJ: Transaction Books, 1978.

GLADE, William P.; CORONA, Rossana (Eds.). *Bigger economies, smaller governments*: privatizations in Latin America. Boulder, CO: Westview Press, 1996.

GRACIARENA, Jorge. *Poder y clases sociales en el desarrollo de América Latina*. Buenos Aires: Paidos, 1967.

GRIFFITH-JONES, Stephany. *International finance and Latin America*. London: Croom Helm, 1984.

_____; STALLINGS, Barbara. New global financial trends: implications for development. In: STALLINGS, Barbara (Ed.). *Global change, regional response: the new international context of development*. Cambridge: Cambridge University Press, 1995.

HARDT, Michael; NEGRI, Antonio. *Empire*. Cambridge: Harvard University Press, 2000.

HARRIS, Nigel. *The end of the Third World*. New York: Penguin, 1987.

HARTLYN, Jonathan. Democracy in South America: convergences and diversities. In: TULCHIN, Joseph S.; GARLAND, Allison (Eds.). *Argentina*: the challenges of modernization. Wilmington, Del: Scholarly Resources, 1997.

_____. Constitutional powers: legislative power and its relation to executive power. Paper presented at the Conference on Democratic Transition and Consolidation. Madrid, Oct. 18-20, 2001.

_____. Democracy and consolidation in contemporary Latin America: current thinking and future challenges. In: TULCHIN, Joseph (Ed.). *Democratic governance and social inequality*. Boulder, CO: Lynne Rienner, 2002. p. 103-130.

_____; DUGAS, John. Colombia: the politics of violence and democratic transformation. In: DIAMOND, Larry; HARTLYN, Jonathan; LINZ, Juan J.; LIPSET, Seymour Martin (Eds.). *Democracy in developing countries*: Latin America. 2. ed. Boulder, CO: Lynne Rienner, 1999.

_____; SCHOULTZ, Lars; VARAS, Augusto (Eds.). *The United States and Latin America in the 1990s*: beyond the cold war. Chapel Hill: University of North Carolina Press, 1991.

HAYDEN, Tom (Ed.). *The Zapatist reader*. New York: Thunder's Mouth Press, Nation Books, 2002.

HELLEINER, Eric. *States and the reemergence of global finance*: from Bretton Woods to the 1990s. Ithaca, NY: Cornell University Press, 1994.

HEPER, Metin. Transitions to democracy reconsidered. In: RUSTOW, Dankwart A.; ERICKSON, Kenneth Paul (Eds.). *Comparative political dynamics*. New York: HarperCollins, 1991.

HIGLEY, John; GUNTHER, Richard (Eds.). *Elites and democratic consolidation in Latin America and Southern Europe*. New York: Cambridge University Press, 1992.

HIRSCHMAN, Alberto O. *A bias for hope*: essays on development and Latin America. New Haven: Yale University Press, 1971.

HIRST, Paul Q. *Globalization in question*: the international political economy and the possibilities of governance. Cambridge, UK: Polity Press, 1996.

HOPENHAYN, Martín. *No apocalipse, no integration*: modernism and postmodernism in Latin America. Transl. Cynthia Margarita Tomkins and Elizabeth Rosa Horan. Durham: Duke University, 2001.

HUBER, Evelyne. *Options for social policy in Latin America*: neo-liberal versus social democratic models. Geneva: United Nations Research Institute for Social Development, June 1995. (Discussion paper, n. 66).

_____; DION, Michelle. Revolution or contribution? Rational choice approaches in the study of Latin American politics. *Latin American Politics and Society*, v. 44, n. 3, p. 1-28, Fall 2002.

_____; STEPHENS, John D. *Development and crisis of the welfare state*: parties and policies in global markets. Chicago: Chicago University Press, 2001.

HUNTER, Wendy. *State and soldier in Latin America*: redefining the military's role in Argentina, Brazil and Chile. Washington, DC: United States Institute of Peace, 1996. (Peaceworks, n. 10).

_____. *Eroding military influence in Brazil*: politicians against soldiers. Chapel Hill: University of North Carolina Press, 1997.

HUNTINGTON, Samuel P. *Political order in changing societies*. New Haven: Yale University Press, 1968.

_____. Will more countries become democratic? *Political Science Quarterly*, n. 99, p. 193-218, Summer 1984.

_____. *The third wave*: democratization in the late twentieth century. Norman, Okla: University of Oklahoma Press, 1991.

INTER-AMERICAN DEVELOPMENT BANK. *Social reform and poverty*: toward a comprehensive agenda for development. Washington, DC: Forum on Social Reform and Poverty, IADB, 1993.

_____. *Facing up to inequality in Latin America*: economic and social progress in Latin America, 1998-1999. Washington, DC: Johns Hopkins University Press, 1998. Report.

_____. *Development beyond economics*: economic and social progress in Latin America, 2000. Washington, DC, 2000. Report.

INTERNATIONAL MONETARY FUND. *World economic outlook*. May, 2001.

_____. *World economic outlook*. Sept. 2002.

JELIN, Elizabeth; HERSHBERG, Eric (Eds.). *Constructing democracy*: human rights, citizenship, and society in Latin America. Boulder, CO: Westview Press, 1996.

JOHNSON, Hazel J. *Financial institutions and markets*: a global perspective. New York: McGraw-Hill, 1993.

JOYCE, Elizabeth; MALAMUD, Carlos (Eds.). *Latin America and the multinational drug trade*. New York: St. Martin's Press, 1997.

KAPSTEIN, Ethan B. *Governing the global economy*: international finance and the state. Cambridge, Mass: Harvard University Press, 1994.

KARL, Terry Lynn. Dilemmas of democratization in Latin America. *Comparative Politics*, v. 23, n. 1, p. 1-21, 1990.

KASHIWAGI, Yusuke. *The emergence of global finance*. Washington, DC: Per Jacobson Foundation, 1986.

KATZ, Jorge M. (Ed.). *Technology generation in Latin American manufacturing industries*. New York: St. Martin's Press, 1987.

KECK, Margaret; SIKKINK, Kathryn. *Activists beyond borders*: advocacy networks in international politics. Cornell: Cornell University Press, 1998.

KLEYMEYER, Charles David (Ed.). *Cultural expression and grassroots development*: cases from Latin America and the Caribbean. Boulder, CO: Lynne Rienner, 1994.

KLIKSBERG, Bernardo. *Como enfrentar los déficits sociales de América Latina*. San José, Costa Rica: Flacso, 1997.

KLITGAARD, Robert E. *Controlling corruption*. Berkeley: University of California Press, 1988.

LANZ, Rigoberto (Ed.). *La discusión posmoderna*. Caracas: Fondo Editorial Tropykos, 1993.

LARANA, Enrique; JOHNSTON, Hank; GUSFIELD, Joseph R. (Eds.). *New social movements*: from ideology to identity. Philadelphia: Temple University Press, 1994.

LARDNER, James. The sweater trade—I. *The New Yorker*, p. 39-73, Jan. 11, 1988.

LARRAÍN, Jorge. *Modernidad, razón e identidad en América Latina*. Santiago de Chile: Editorial Andres Bello, 1996.

LEVINE, Daniel H. (Ed.). *Constructing culture and power in Latin America*. Ann Arbor: University of Michigan Press, 1993.

_____; CRISP, Brian F. Venezuela: the character, crisis, and possible future of democracy. In: DIAMOND, Larry; HARTLYN, Jonathan; LINZ, Juan J.; LIPSET, Seymour Martin (Eds.). *Democracy in developing countries*: Latin America. 2. ed. Boulder, CO: Lynne Rienner, 1999.

LEVY, Daniel; BRUHN, Kathleen. 1999. Mexico: sustained civilian rule and the question of democracy. In: DIAMOND, Larry; HARTLYN, Jonathan; LINZ, Juan J.; LIPSET, Seymour Martin (Eds.). *Democracy in developing countries*: Latin America. 2. ed. Boulder, CO: Lynne Rienner, 1999.

LINZ, Juan J. The future of an authoritarian situation or the institutionalization of an authoritarian regime: the case of Brazil. In: STEPAN, Alfred (Ed.). *Authoritarian Brazil*: origins, policies, and future. New Haven: Yale University Press, 1973. p. 233-254.

_____. Toward consolidated democracies. *Journal of Democracy*, v. 7, n. 2, p. 14-34, 1996.

_____; LIJPHART, Arend; VALENZUELA, Arturo; ARCAYA, Oscar Godoy (Eds.). *Hacia una democracia moderna*: la opción parlamentaria. Santiago de Chile: Ediciones Universidad Católica de Chile, 1990.

_____; STEPAN, Alfred. *Problems of democratic transition and consolidation*: Southern Europe, South America, and post-communist Europe. Baltimore: Johns Hopkins University Press, 1996.

_____; VALENZUELA, Arturo (Eds.). *The failure of presidential democracy*. Baltimore: Johns Hopkins University Press, 1994.

LITTLE, Walter; POSADA-CARBÓ, Eduardo (Eds.). *Political corruption in Latin America and Europe*. New York: St. Martin's Press, 1996.

LOREY, David E. *The rise of the professions in twentieth-century Mexico*: university graduates and occupational change since 1929. Los Angeles: Ucla Latin American Center Publications, 1992.

LOVE, Joseph L. Economic ideas and ideologies in Latin America since 1930. In: BETHELL, Leslie (Ed.). *Cambridge history of Latin America*. Cambridge: Cambridge University Press, 1994. v. 6, part 1.

LOVEMAN, Brian; DAVIES, JR., Thomas M. (Eds.). *The politics of antipolitics*: the military in Latin America. 3. ed. Washington: Scholarly Resources, 1996.

LOWENTHAL, Abraham F. (Ed.). *Exporting democracy*: the United States and Latin America. Baltimore: Johns Hopkins University Press, 1991.

_____; FITCH, J. Samuel (Eds.). *Armies and politics in Latin America*. New York: Holmes and Meier, 1986.

LUEBBERT, Gregory. *Liberalism, fascism, or social democracy*: social classes and political origins of regimes in interwar Europe. Oxford: Oxford University Press, 1991.

LUSTIG, Nora (Ed.). *Coping with austerity*: poverty and inequality in Latin America. Washington, DC: Brookings Institution, 1995.

MACE, Gordon; BÉLANGER, Louis (Eds.). *The Americas in transition*: the contours of regionalism. Boulder, CO: Lynne Rienner, 1999.

MAINWARING, Scott P. Urban popular movements, identity, and democratization in Brazil. *Comparative Political Studies*, v. 20, n. 2, p.131-159, 1987.

_____. *Rethinking party systems in the third wave of democratization*: the case of Brazil. Stanford, CA: Stanford University Press, 1999.

_____; O'DONNELL, Guillermo; VALENZUELA, J. Samuel (Eds.). *Issues in democratic consolidation*: the new South American democracies in comparative perspective. Notre Dame, Ind: University of Notre Dame Press, 1992.

_____; SCULLY, Timothy (Eds.). *Building democratic institutions*: party systems in Latin America. Stanford: Stanford University Press, 1995.

_____; SHUGART, Matthew. Juan Linz, presidentialism, and democracy: a critical appraisal. *Comparative Politics*, p. 449-471, July 1997a.

_____; _____ (Eds.). *Presidentialism and democracy in Latin America*. Cambridge: Cambridge University Press, 1997b.

_____; VALENZUELA, Arturo (Eds.). *Politics, society, and democracy*: Latin America. Boulder, CO: Westview Press, 1998.

_____; VIOLA, Eduardo. New social movements, political culture, and democracy: Brazil and Argentina in the 1980s. *Telos*, n. 61, p. 17-54, Fall 1984.

MANZETTI, Luigi. Latin America: privatization, property rights, and deregulation. *Quarterly Review of Economics and Finance Annual*, v. 34, p. 43-77, 1994.

MARTÍNEZ, Javier; DÍAZ, Alvaro. *Chile*: the great transformation. Washington, DC: Brookings Institution, UN Research Institute for Social Development, 1996.

MAYER, Federick W. *Interpreting Nafta*: the science and art of political analysis. New York: Columbia University, 1998.

McANANY, Emile G.; WILKINSON, Kenton T. (Eds.). *Mass media and free trade*: Nafta and the cultural industries. Austin: University of Texas Press, 1996.

McGUIRE, James. *Peronism without Perón*: unions, parties, and democracy in Argentina. Stanford: Stanford University Press, 1997.

MÉNDEZ, Juan E.; O'DONNELL, Guillermo; PINHEIRO, Paulo Sérgio (Eds.). *The rule of law and the underprivileged in Latin America*. Notre Dame: University of Notre Dame Press, 1999.

MENEGUELLO, Rachel. Brasil. In: CAVAROZZI, Marcelo; MEDINA, Juan Manuel Abal. *El asedio a la política*: los partidos latinoamericanos em la era neoliberal. Buenos Aires: Editorial Politeia, 2002.

MIDDLEBROOK, Kevin; ZEPEDA, Eduardo (Eds.). *Confronting development*: assessing Mexico's economic and social policy changes. Stanford: Stanford University Press, 2002.

MILLETT, Richard; GOLD-BISS, Michael (Eds.). *Beyond praetorianism*: the Latin American military in transition. Coral Gables, Fla: North-South Center Press, University of Miami, 1996.

MILNER, Helen. *Interests, institutions, and information*. Princeton: Princeton University Press, 1997.

MISZTAL, Bronislaw; MISZTAL, Barbara A. Democratization processes as an objective of new social movements. *Research in Social Movements, Conflicts and Change*, v. 10, p. 93-106, 1988.

MONTGOMERY, Tommie Sue (Ed.). *Peacemaking and democratization in the Western hemisphere*. Coral Gables, Fla: North-South Center Press, University of Miami, 2000.

MONTMAYOR, Carlos. *Chiapas, la rebelión indígena de México*. Madrid: Espasa Calpe, 1998.

MORALES, Juan Antonio; McMAHON, Gary (Eds.). *Economic policy and the transition to democracy*: the Latin American experience. New York: St. Martin's Press, 1996.

MORRIS, Stephen D. *Corruption and politics in contemporary Mexico*. Tuscaloosa: University of Alabama Press, 1991.

MOULIÁN, Tomás. *Tensiones y crisis política*: análisis de la década del sesenta. Santiago de Chile: Centro de Estudios del Desarrollo, 1984.

MUNCK, Gerardo. Game theory and comparative politics. *World Politics*, v. 53, n. 2, p. 173-204, 2001.

NOHLEN, Dieter (Ed.). *Elecciones y sistemas de partidos en América Latina*. San José, Costa Rica: Instituto Interamericano de Derechos Humanos, 1993.

_____; FERNÁNDEZ, Mario (Eds.). *Presidencialismo versus parlamentarismo, América Latina*. Caracas: Editorial Nueva Sociedad, 1991.

NUNN, F. M. *The military in Chilean history*: essays on civil-military relations, 1810-1973. Albuquerque, NM: University of New Mexico Press, 1976.

_____. *The time of the generals*: Latin American professional militarism in world perspective. Lincoln, Neb: University of Nebraska Press, 1992.

O'DONNELL, Guillermo. Delegative democracy. *Journal of Democracy*, v. 5, n. 1, p. 55-69, 1994a.

_____. Some reflections on redefining the role of the state. In: BRADFORD, Colin I. (Ed.). *Redefining the state in Latin America*. Paris: Organization for Economic Cooperation and Development, 1994b.

_____; SCHMITTER, Phillipe C.; WHITEHEAD, Laurence. *Transitions from authoritarian rule*: tentative conclusions about uncertain democracies. Baltimore: Johns Hopkins University Press, 1986.

OLEA, Víctor Flores; FLORES, Abelardo Mariña. *Crítica de la globalidad*: dominación y liberación en nuestro tiempo. México, DF: Fondo de Cultura Económica, 1999.

OLIVERI, Ernest J. *Latin American debt and the politics of international finance*. Westport, Conn: Praeger, 1992.

OXHORN, Philip. *Organizing civil society*: the popular sectors and the struggle for democracy in Chile. University Park: Pennsylvania State University Press, 1995.

_____; STARR, Pamela K. (Eds.). *Markets and democracy in Latin America*: conflict or convergence? Boulder, CO: Lynne Rienner, 1998.

PARRY, Geraint; MORAN, Michael (Eds.). *Democracy and democratization*. London: Routledge, 1994.

PATTNAYAK, Satya R. (Ed.). *Globalization, urbanization, and the state*: selected studies in contemporary Latin America. Lanham, MD: University Press of America, 1996.

PAYNE, J. Mark; ZOVATTO, Daniel; FLORES, Fernando Carrillo; ZAVALLA, Andrés Allamand. *Democracies in development*: politics and reform in Latin America. Washington, DC: BID/IDEA, 2002.

PÉREZ DÍAZ, Víctor. *La primacia de la sociedad civil*: el proceso de formación de la España democrática. Madrid: Alianza Editorial, 1993.

PETERS, Enrique Dursel. *Polarizing México*: the impact of liberalization strategy. Boulder, CO: Lynne Rienner, 2000.

PHILLIPS, Lynne (Ed.). *The third wave of modernization in Latin America*: cultural perspectives on neoliberalism. Washington, DC: Scholarly Resources, 1998.

PION-BERLIN, David. *Through corridors of power*: institutions and civil-military relations in Argentina. University Park: Pennsylvania State University Press, 1997.

_____ (Ed.). *Civil-military relations in Latin America*: new analytical perspectives. Chapel Hill: University of North Carolina Press, 2001.

PORTES, Alejandro. *En torno a la informalidad*: ensayo sobre teoría y medición de la economía no regulada. Ciudad de México: M. A. Porrúa Grupo Editorial, 1995.

PRZEWORSKI, Adam; ALVAREZ, Michael E.; CHEIBUB, José Antônio; LIMONGI, Fernando. *Democracy and development*: political institutions and well-being in the world, 1950-1990. Cambridge: Cambridge University Press, 2000.

PSACHAROPOULOS, George et al. *Poverty and income distribution in Latin America*: the story of the 1980s. Washington: The World Bank, 1997.

RABOY, Marc; DAGENAIS, Bernard (Eds.). *Media, crisis, and democracy*: mass communication and the disruption of social order. Newbury Park, CA: Sage, 1992.

RAMA, German W. (Ed.). *Educación y sociedad en América Latina y el Caribe*. Santiago de Chile: Unicef, 1980.

_____. *El sistema educativo en América Latina*. Buenos Aires: Kapelusz, 1984.

_____ (Ed.). *Desarrollo y educación en América Latina y el Caribe*. Buenos Aires: Kapelusz, 1987.

RAMSEY, Russel W. *Guardians of the other Americas*: essays on the military forces of Latin America. Lanham, MD: University Press of America, 1997.

REINICKE, Wolfgang H. *Banking, politics, and global finance*: American commercial banks and regulatory change, 1980-1990. Aldershot, UK: Edward Elgar, 1995.

REVISTA DE LA CEPAL. Homenaje a Raúl Prebisch. Santiago de Chile, n. 75, p. 7-113, dic. 2001.

REYNA, José Luis (Ed.). *América Latina a fines de siglo*. México, DF: Fondo de Cultura Económica, 1995.

RISSE, Thomas; ROPP, Stephen C.; SIKKINK, Kathryn (Eds.). *The power of human rights*: international norms and domestic change. Cambridge: Cambridge University Press, 1999.

ROBERTS, Bryan R. *The making of citizens*: cities of peasants revisited. 2. ed. New York: Halsted, 1995.

ROBERTS, Kenneth M.; WIBBELS, Erik. Party systems and electoral volatility in Latin America: a test of economic, institutional, and structural explanations. *American Political Science Review*, v. 93, n. 3, p. 575-590, 1999.

RODRIGUEZ, Linda Alexander (Ed.). *Rank and privilege*: the military and society in Latin America. Wilmington, Del: Scholarly Resources, 1994.

RODRÍGUEZ, Victoria E. *Decentralization in Mexico*: from reforma municipal to solidaridad to nuevo federalismo. Boulder, CO: Westview Press, 1997.

ROETT, Riordan. *Mercosur*: regional integration, world markets. Boulder, CO: Lynne Rienner, 1999.

RUSTOW, Dankwart A. Transitions to democracy: toward a dynamic model. *Comparative Politics*, v. 2, p. 337-363, Apr. 1970.

_____; ERICKSON, Kenneth Paul (Eds.). *Comparative political dynamics*. New York: HarperCollins, 1991.

SANTOS, Mario dos. Estrategias de gobernabilidad en la crisis. [S.l.]: UNDP-Unesco-Clacso, jun. 1994. (Project Report RLA, n. 90/011).

SASSEN, Saskia. *Losing control? Sovereignty in an age of globalization*. New York: Columbia University Press, 1996.

SCHEDLER, Andreas. What is democratic consolidation? *Journal of Democracy*, v. 9, n. 2, p. 91-107, 1998.

SCHMITTER, Philippe C. Cinco reflexiones sobre la cuarta onda de democratizaciones. In: SOLANO, Carlos Barba; BARROS, José Luis; HURTADO, Javier (Eds.). *Transiciones a la democracia en Europa y América Latina*. Ciudad de México: M. A. Porrúa Grupo Editorial, 1991.

SCHOULTZ, Lars; SMITH, William; VARAS, August (Eds.). *Security, democracy, and development in U.S.-Latin American relations*. Boulder, CO: Lynne Rienner, 1994.

SCHUURMAN, Frans J. (Ed.). *Beyond the impasse*: new directions in development theory. London: Zed Books, 1993.

SCHYDLOWSKY, Daniel M. *Structural adjustment*: retrospect and prospect. Westport, Conn: Praeger, 1995.

SCOTT, James C. *Comparative political corruption*. Englewood Cliffs, NJ: Prentice-Hall, 1972.

SILVA, Eduardo. *The state and capital in Chile*: business elites, technocrats, and market economics. Boulder, CO: Westview Press, 1998.

SÍNTESIS, Revista de Ciencias Sociales Iberoamericanas, Madrid, n. 22, jul./dic. 1994.

SMITH, Peter H. Crisis and democracy in Latin America. *World Politics*, v. 43, n. 4, p. 608-635, 1991.

_____ (Ed.). *The challenge of integration*: Europe and the Americas. New Brunswick, NJ: Transaction Publishers, 1993.

_____. *Latin America in comparative perspective*: new approaches to methods and analysis. Boulder, CO: Westview Press, 1995.

SMITH, William C.; KORZENIEWICZ, Roberto Patricio (Eds.). *Politics, social change, and economic restructuring in Latin America*. Boulder, CO: Lynne Rienner, 1997.

_____; ACUÑA, Carlos H.; GAMARRA, Eduardo A. (Eds.). *Democracy, markets, and structural reform in Latin America*: Argentina, Bolivia, Brazil, Chile, and Mexico. New Brunswick, NJ: Transaction Publishers, 1994a.

_____; _____; _____ (Eds.). *Latin American political economy in the age of neoliberal reform*: theoretical and comparative perspectives for the 1990s. Coral Gables, Fla: North-South Center, University of Miami; New Brunswick, NJ: Transaction Publishers, 1994b.

SOUZA, Celina. *Constitutional engineering in Brazil*: the politics of federalism and decentralization. New York: St. Martin's Press, 1997.

SPINK, Peter; BRESSER-PEREIRA, Luiz Carlos (Eds.). *Reforma do Estado e administração pública gerencial*. Rio de Janeiro: Fundação Getulio Vargas, 1998.

SPYBEY, Tony. *Globalization and world society*. Cambridge, UK: Polity Press, 1996.

STALLINGS, Barbara (Ed.). *Global change, regional response*: the new international context of development. Cambridge: Cambridge University Press, 1995.

STARK, Jeffrey. Globalization and democracy in Latin America. In: AGÜERO, Felipe; STARK, Jeffrey (Eds.). *Fault lines of democracy in post-transition Latin America*. Coral Gables, Fla: North-South Center Press, University of Miami, 1998.

STAVENHAGEN, Rodolfo. *Ethnic conflicts and the nation-state*. New York: St. Martin's Press, 1996.

STEPAN, Alfred. *The military in politics*: changing patterns in Brazil. Princeton: Princeton University Press, 1970.

_____. State power and the strength of civil society in the Southern Cone of Latin America. In: EVANS, Peter B.; RUESCHEMEYER, Dietrich; SKOCPOL, Theda (Eds.). *Bringing the state back in*. Cambridge: Cambridge University Press, 1985.

_____. *Rethinking military politics*: Brazil and the Southern Cone. Princeton: Princeton University Press, 1988.

_____ (Ed.). *Democratizing Brazil*: problems of transition and consolidation. New York: Oxford University Press, 1989.

STIGLITZ, Joseph E. *Globalization and its discontents*. New York: W. W. Norton, 2002.

TEICHMAN, Judith A. *The politics of freeing markets in Latin America*: Chile, Argentina, and Mexico. Chapel Hill: University of North Carolina Press, 2001.

THE ECONOMIST. The world economy survey. Sept. 20, 1997.

THEOBOLD, Robin. *Corruption, development, and underdevelopment*. London: Macmillan, 1990.

THORP, Rosemary. A reappraisal of the origins of import-substituting industrialization, 1930-1950. *Journal of Latin American Studies* v. 24, p. 181-196, 1992. Quincentenary supplement.

_____; WHITEHEAD, Lawrence (Eds.). *Latin American debt and the adjustment crisis*. Pittsburgh: University of Pittsburgh Press, 1987.

TILLY, Charles. Social movements, old and new. *Research in Social Movements, Conflicts and Change*, v. 10, p. 1-18, 1988.

TOKMAN, Victor E.; O'DONNELL, Guillermo (Eds.). *Poverty and inequality in Latin America*: issues and new challenges. Notre Dame, Ind: University of Notre Dame Press, 1998.

TOURAINE, Alain. *Social mobility, class relationship and nationalism in Latin America*. Buenos Aires: Instituto Torcuato di Tella, Centro de Sociología Comparada, 1964. (Documento de trabajo, n. 13).

_____. *Actores sociales y sistemas políticos en América Latina*. Santiago de Chile: Prealc, 1987.

_____. *América Latina*: política y sociedad. Madrid: Espasa Calpe, 1989.

TULCHIN, Joseph S.; GARLAND, Allison (Eds.). *Argentina*: the challenges of modernization. Wilmington, Del: Scholarly Resources, 1997.

_____; _____ (Eds.). *Social development in Latin America*: the politics of reform. Boulder, CO: Lynne Rienner, 2000.

UNDERHILL, Geoffrey R. D. (Ed.). *The new world order in international finance*. London: Macmillan, 1996.

UNITED NATIONS ECONOMIC COMMISSION FOR LATIN AMERICA. *The economic development of Latin America and its principal problems*. Lake Success: United Nations Department of Economic Affairs, 1950.

UNITED NATIONS ECONOMIC COMMISSION FOR LATIN AMERICA AND THE CARIBBEAN. Equity, development and citizenship. Presented to the 28th session, Mexico City, Apr. 3-7, 2000. Santiago de Chile: Eclac, 2000.

_____. Preliminary overview of the economies of Latin America and the Caribbean, 2001. Santiago de Chile: Eclac, 2001.

VALENZUELA, Arturo; HARTLYN, Jonathan. Democracy in Latin America since 1930. In: BETHELL, Leslie (Ed.). *Cambridge history of Latin America*. Cambridge: Cambridge University Press, 1994. v. 6, part 2.

_____; VALENZUELA, J. Samuel. Party oppositions under the Chilean authoritarian regime. In: VALENZUELA, J. Samuel; VALENZUELA, Arturo (Eds.). *Military rule in Chile*: dictatorship and oppositions. Baltimore: Johns Hopkins University Press, 1986.

VALENZUELA, J. Samuel. *Democratic consolidation in post-transitional settings*: notion, process, and facilitating conditions. Notre Dame, Ind: Helen Kellogg Institute for International Studies at the University of Notre Dame, 1990. (Working paper, n. 150).

_____; VALENZUELA, Arturo (Eds.). *Military rule in Chile*: dictatorship and oppositions. Baltimore: Johns Hopkins University Press, 1986.

VELLINGA, Menno (Ed.). *The changing role of the state in Latin America*. Boulder, CO: Westview Press, 1997.

VELLOSO, João Paulo dos Reis (Ed.). *Mercosul e Nafta*: o Brasil e a integração hemisférica. Rio de Janeiro: José Olympio, 1995.

VELTMEYER, Henry; PETRAS, James. *Neoliberalism and class conflict in Latin America*: a comparative perspective on the political economy of structural adjustment. New York: St. Martin's Press, 1997.

WARD, Peter M.; RODRÍGUEZ, Victoria E. *New federalism and state government in Mexico*: bringing the states back in. Austin: Lyndon B. Johnson School of Public Affairs, University of Texas at Austin, 1999.

WATERS, Malcolm. *Globalization*. London: Routledge, 1995.

WEFFORT, F. C. *New democracies, which democracies?* Washington, DC: Latin American Program, The Wilson Center, 1992.

_____; QUIJANO, Aníbal. *Populismo, marginalización y dependencia*: ensayos de interpretación sociológica. San José, Costa Rica: Editorial Universitaria, 1976.

WEINTRAUB, Sidney (Ed.). *Integrating the Americas*: shaping future trade policy. New Brunswick, NJ: Transaction Publishers, 1994.

WEYLAND, Kurt. Limitations of rational choice institutionalism for the study of Latin American politics. *Studies in Comparative International Development*, v. 37, n. 1, p. 57-85, Spring 2002.

WILLIAMSON, John (Ed.). *Latin American adjustment*: how much has happened? Washington, DC: Institute for International Economics, 1990.

_____. Democracy and the "Washington Consensus". *World Development*, v. 21, n. 8, p. 1329-1337, 1993.

WIONCZEK, Miguel S. *Politics and economics of external debt crisis*: the Latin American experience. Boulder, CO: Westview Press, 1985.

WONG, Siu-Lun. *Emigrant entrepreneurs*: Shanghai industrialists in Hong Kong. Hong Kong: Oxford University Press, 1988.

WORLD BANK. *World Development Report 1992*. New York: Oxford University Press, 1992.

_____. *World Development Report 1997*: the state in a changing world. Washington, DC: The World Bank, 1997.

_____. *World Development Report 2000/2001*: attacking poverty. Oxford: Oxford University Press, 2001.

_____. World development indicators. Washington, DC, 2002. Disponível em: <www.worldbank.org/data/wdi2001/pdfs/tab4_2.pdf>.

YOFFIE, David B. *Power and protectionism*: strategies of the newly industrializing countries. New York: Columbia University Press, 1983.

ZINSER, Adolfo Aguilar. Mexico's security challenges. *Update on the Americas*, Washington, DC, Woodrow Wilson Center, n. 2, 2001.

Os autores

MANUEL ANTONIO GARRETÓN é professor de sociologia na Universidade do Chile e foi professor visitante em universidades européias, norte-americanas e latino-americanas. Completou seus estudos na Universidade Católica do Chile e doutorou-se em ciências sociais na L'École des Hautes Études en Sciences Sociales, na França. Publicou numerosos livros e artigos sobre política, cultura e sociedade no Chile e na América Latina. É autor de *Política y sociedad entre dos épocas: América Latina en el cambio de siglo* (Homo Sapiens, 2000), *La sociedad em que vivi(re)mos: introducción sociológica al cambio de siglo* (Ediciones LOM, 2001), *The incomplete democracy* (University of North Carolina Press, 2003) e co-organizador de *Democracy in Latin America: (re)constructing political society* (United Nations University Press, 2001).

MARCELO CAVAROZZI é diretor da Escuela de Política e Gobierno da Universidade Nacional de San Martín, em Buenos Aires (Argentina). PhD em ciência política pela University of California, Berkeley, foi professor visitante na Yale University, na Georgetown University, no Massachusetts Institute of Technology e na University of North Carolina, Chapel Hill. Tem publicado diversos trabalhos a respeito da política latino-americana, é co-organizador de *El asedio a la política: los partidos latinoamericanos em la era neoliberal* (Homo Sapiens, 2002) e autor de "Transitions: Argentina, Bolívia, Chile, and Uruguay", em *Democracy in Latin America: (re)constructing political society* (United Nations University Press, 2001).

PETER S. CLEAVES foi diretor executivo da Avina, fundação suíça para o desenvolvimento sustentável da América Latina e da Península Ibérica. Foi professor de política de governo e diretor do Institute of Latin American Studies da University of Texas, representante do México e da América Central na Fundação Ford e vice-presidente do First National Bank de Chicago. É bacharel pelo Dartmouth College, mestre pela Vanderbilt University e PhD em ciência política pela University of California, Berkeley. É autor de *Bureaucratic politics and administration in Chile* (University of California Press, 1974), *Agriculture, bureaucracy and military government in Peru* (Cornell University Press, 1980) e *The professions of the state: the Mexican case* (University of Arizona Press, 1987).

GARY GEREFFI é professor de sociologia na Duke University. Graduou-se pela University of Notre Dame e é PhD em sociologia pela Yale University. Tem numerosas publicações sobre integração econômica regional e estratégias de desenvolvimento nacional em várias partes do mundo. É autor de *The pharmaceutical industry and dependency in the Third World* (Princeton University Press, 1983), co-organizador de *Manufacturing miracles: paths of industrialization in Latin America and East Asia* (Princeton University Press, 1990), *Commodity chains and global capitalism* (Praeger Publishers, 1994), *The value of value chains: spreading the gains from globalization* (temário especial do *IDS Bulletin*, v. 32, n. 3, July 2001) e *Free trade and uneven development: the North American apparel industry after Nafta* (Temple University Press, 2002).

JONATHAN HARTLYN é professor de ciência política na University of North Carolina, Chapel Hill. É bacharel pela Clark University e obteve seu título de mestre e PhD em ciência política na Yale University. São numerosas suas publicações em política comparada, com ênfase na América Latina, principalmente em relação a questões como democratização, instituições políticas e relações entre Estado e sociedade. É autor de *The struggle for democratic politics in the Dominican Republic* (University of North Carolina Press, 1998) e *The politics of coalition rule in Colombia* (Cambridge University Press, 1988). É co-autor de "Democracy in Latin America since 1930" (*in Cambridge history of Latin America*, organizado por Lesliee Bethell, 1994, v. 6, parte 2). Também é co-organizador de vários livros, entre os quais *Democracy in developing countries: Latin America* (2. ed., Lynne Rienner, 1999).

Esta obra foi impressa pela
Sermograf Artes Gráficas e Editora Ltda. em papel
offset Primapress para a Editora FGV
em maio de 2007.